Wilia

Wilia

Cerddi 2003-2013

Meic Stephens

Ymddangosodd y cerddi canlynol eisoes yn rhifynnau o'r cylchgrawn *Taliesin*:

Cerddi'r R'yfelwr Bychan ('Yr 'aef 'wnnw' ac ati), *Taliesin*, 126, 2005
Yn y gwaed ('Cymynrodd' ac ati), *Taliesin*, 138, 2009
Cerddi Coeca ('Gwirebau' ac ati), *Taliesin*, 141, 2010

ⓘMeic Stephens/Cyhoeddiadau Barddas ©
Argraffiad cyntaf 2014

ISBN 978-1906-396-70-1

Cyhoeddwyd gyda chymorth ariannol Cyngor Llyfrau Cymru.

Cyhoeddwyd gan Gyhoeddiadau Barddas
Argraffwyd gan Wasg Dinefwr, Llandybïe

CYNNWYS

GWREIDDIAU

A Glasgwm a'i eglwys ger glas fynydd,
Gwyddelfod aruchel, nawdd ni echwydd.

Gwynfardd Brycheiniog (fl.c.1180) o Lyfr Coch Hergest

Yr Adroddwr
Dros lethrau serth Cefn Wylfre
      ac ucheldiroedd Gwaun-ceste
mae'r gwynt yn cwynfan ac yn dolefain
      fel hen ast wedi'i llwgu,
    ddydd a nos, haf a gaeaf,
      yn ddiarbed ac yn annaearol groch.

Ar yr unigeddau hyn
      a elwid Elfael gynt,
   nid oes fawr i'w weld gan y cerddwr anfynych
ond pyllau mawn, eangderau o figwyn gwlyb,
      porfeydd geirwon i'r ychydig ddefaid penfrith,
   a chymylau isel yn dwyn glaw o'r Bannau
      hyd eithafoedd Maelienydd
      a'r cantrefi coll rhwng Gwy a Hafren.

Yn ystod yr Ail Ryfel Byd,
      ar ei ffordd adref o gyrch ar Lannau Mersi,
   daeth un o awyrennau'r Luftwaffe
      i lawr yn wenfflam ar hysfeydd Ysgawen;
      ni chlywyd y ffrwydrad ar waelod y cwm
   ac ni ddarganfuwyd y ddau gorff
nes i fugail ddod o hyd i'w gweddillion
      mewn cilfach gêl rai misoedd wedyn,
     a'r pridd o gwmpas eu *Heimat* olaf
   wedi ei losgi'n ulw gan y tanwydd.
Ac wrth i'r cwnstabl gychwyn ar ei feic
      o Lanfair Llythyfwng
    rhoddwyd y celanedd yn eu siacedi lledr du

i eistedd o bobtu'r tân ar aelwyd Gelli Dywyll
 i ddiddanu hynafgwyr yr ardal: 'Shw mae, Fritz?'
gan siglo llaw esgyrnog yr ymwelwyr annisgwyl,
 'Cofia fi at y Giaffar', a chynnig dysglaid iddynt,
  yn wyrdroad gwrthun o letygarwch pobl y bryniau.

Oberleutnant Brixius, hawddamor!
 Feldwebel Liedig, henffych well!

Y Ferch
Cies i 'ngieni a'm magu yn y parthe anfaddeugar hyn,
 ym mitwg tlawd Blanbedw
ar bwys y ffrwd sy'n ymlwybro tua'r llan ger y mynydd glæs.
 Pan fu'n rhieni farw o fewn wythnos i'w gilydd,
  ciawson 'u claddu tranno'th ym mynwent
Llanfihangel Dyffryn Arwy, bro enedigol fy mem;
 dwi ddim yn 'u cofio, ond dyma eirie'r Salmydd
  sy wedi'u torri ar giarreg 'u bedd:
'Dysg i ni gyfrif ein dyddiau,
 fel y dygom ein calon i ddoethineb.'

Erbyn hyn ma' gwynt 'rhen Bengwern
 wedi troi aelwyd Blanbedw
 yn adfel, y to wedi mynd â'i ben iddo
 a'r simne fawr wedi cwmpo;
ma' trawstie derw hir y tolant
 wedi dymchwel yn llwyr, a thros y ffalt
lle ro'dd y ceiliog dandi yn arfer clochdar yn blygeiniol
o'i ficsen welltog ma'r mwswg, y 'whyn a'r mieri
 wedi ennyn fel y plæ gwyn.
Do's dim modd nabod bellach y dole,
 y locie a'r shetine
  gan fod y cwbwl wedi diflannu
 o dan redyn ac esgyll y mynydd,
ac ma'r clwstwr o go'd gleishon
 o'dd yn dangos y ffordd lydan
  dros y topie i'r porthmyn 'slawer dydd
 wedi'u towlu a'u clirio i gyd.

Pa loches o'dd imi yn y llannerch sanctaidd, dwêd?
    Ciefnes arni, gan adel fy mrawd
i drin y ffeg a'r ffriddo'dd â'i filwg a'i eisac.

Y Brawd
Ro'dd Blanbedw a'i prin hanner cian cyfer
    yn aelwyd imi am flynydde mawr,
    ac i'm cyndade hefyd: ro'dd 'y ngwreiddie'n
    ddwfwn yn y mawndir hynafol.
Do'dd giennon ni ddim llawer yn y cratsh:
    defed, wrth gwrs, Biwla a Cheri,
    mochyn yn y twlc a moelen flith i'w godro,
    a phan o'dd pethe'n wæth,
tua'r hirlwm, plwc fel cwnsherwr ne' labrwr
    yn y felin flawd ger yr Hwndrwd.

    Bu 'yn nwy wraig ac un o'm peder merch
    farw o'r dicêd, ac eto fe netles ati,
    mor dene â sgimren, mor stwbwrn â stên,
    gan na wyddwn yn amgienach, sbo.

Weles i ddim llawer o'm 'whær
    ar ôl gieni'i llwdwn, a holes i ddim
    pwy o'dd y tæd – gwell peidio styrbo ciacwn brith
    rhag ofon 'u tynnu nhw am dy ben;
ta beth am 'ny, ro'dd gien i ddigon o 'falon beunyddiol
    wrth odreon soeglyd Blanbedw,
heblaw am 'yn n'letswydde pwysig
    fel warden i ficer eglwys Dewi Sant.
    'Rergyd ola o'dd colli Stær, y mwnt gwine,
    yn'stod tywydd giarw '47:
    do'dd dim amdani wedyn
        ond giadel 'rhen gynefin i'r gwynt a'r glæw
a mynd i fyw mewn tŷ cownsil
    gyda phwt o ardd ar gyrion dinas Henffordd.

Beia fi, os mynni, am beidio
    bod yn giefen iddi yn 'i stryffîg.

Y Ferch

Cies i le cysurus yn Nhŷ Mawr
    yng nghyffinie'r Gielli, lle ro'dd y fishtres,
        menyw dduwiol, yn g'redig wrth bawb
        a do'dd dim gorchwyl ar y Saboth.
    Treulies 'yn nyddie yn ddiwyd ac yn siriol,
        yn helpu'n y giegin
            ac yn gofalu am yr ardd lyshie,
    y blode a'r cytie cwningod wrth ochr y plæs;
        yn y gwanwyn, ro'dd ambell oen swci i'w faldodi
gyda slwnt o læuth yng gwair melys yr helmydd
    a chywion bæch pert yn swito'n uffern y tæn;
        bob nos Sul, ar ôl ciapel,
        cierddwn dros y llifddole gyda'r gweishon erill
            i hel cnau cyll yn y coedlanne
    a'r wtredd tawel tua Llowes a Chleirwy.

Yna, ar frig y diwetydd ar ddydd Ffair Glame,
    y tŷ'n wæg a'r lampe oel
        wedi'u g'leuo'n y cyntedd,
            dôth rhywun heibo a churo wrth ddrws y ciefen,
        a minne yn 'yn ffedog fræs
    yn bryshio i'w agor a gofyn beth o'dd 'i neges.
    Ciartar o'dd 'na, còg a withie ar brydie
        gyda'r cieffyle ar feitac Tŷ Mawr,
        cwlffyn o wæs stabal yn 'i giap fflat
o'dd yn hanu o rywle 'rochor dræw i'r Begwns.

Gofynnes iddo ddod i mewn
    ac yfed dracht o ddŵr yn y giegin fæch;
wedodd e 'run gair, ond 'yn hwpo'n erbyn y seld
        a'm dal i lawr trwy nerth bôn braich,
    gan godi 'yn nillade isha
        a rhugo 'yn sane gwlæn yn 'i hæst 'whyslyd.

Ro'dd popeth drosodd mewn byr o dro, diolch byth.
    'Nes i dwmlo'i gnawd blewog fel mwrthwl po'th
        yn pwno 'mola, ac wedyn,

a minne'n beichio llefen,
    clywed 'rochened hir wrth i'w flys ostegu
        fel llæuth mewn sosban
    ne' dymer plentyn gwancus sy wedi cæl 'i wala.
Dwi ddim yn cofio rhagor
    na styrbans 'i giaseg a'i drwmbel ar gierrig y beili,
distawrwydd llethol y tŷ yn 'rhanner gwyll,
    ac ar wyneb gwritgoch y llanc
        cymysgedd rhyfedd o foddhæd cyntefig,
            rhyfyg ewn ac anesmwythder rhonc.

Nid dim ond y merched ffast
        sy'n ca'l 'u dala, cofia.

Wedi sylweddoli 'mod i'n dishgwl
    a bod 'ramser imi fynd i'r gwely yn agos,
        es i at gydnabod o'dd yn byw
            ger Pencraig ar dir Tre'rdelyn, ac yno,
        ar 'y mhen-blwydd yn ugen o'd
    – O, am ffeiryn wherwfelys! –
            gieth fy mæb 'i eni.

Dyna falch own i
    fod ganddo'r un pryd a gwedd
        â 'nheulu i, gyda thoreth o wællt melyn!

Eto i gyd, rho's i enw cynta'i dæd arno, mewn dialedd.

Feiddies i ddim sôn wrth ened byw
    am y wagner, 'rhen giadwaladr,
    a chadwes 'y nghyfrinach gwiddilus
        rhag y byd a'r betws am weddill 'yn nyddie.
    Yn fuan, tua'r Nadolig,
        pan o'dd fy maban wedi'i ddiddwn,
gieth 'i hala i rywle yng nghymo'dd y De,
        yngystal â chian sofran aur,
        rhodd haelfrydig mishtres Tŷ Mawr,
    merch i w'nidog ffor'na
        o'dd yn 'nabyddus am 'i weithredo'dd dæ.

Fe giadwes lun o'r bychan,
　　　　　ond dyna'r tro olaf imi weld 'y mæb.
Do'dd gien i ddim dewish, a dwêd y gwir
　　　　– heb gierent ond 'y mrawd di-hid,
　　　　heb aelwyd na chyflog,
　　'runig fodd imi ymdopi â'm gwae
　　　　　　o'dd i roi 'y mhlentyn,
　　　　etifedd y gwynt a'r glæw,
　　　i bobol o'dd yn debyg o roi ciartre iddo.

Os wyt am fy marnu, rwyt ti heb gæl dy gwrso
　　　　gan yr Hwch Ddu Gwta.

Y Llanc
Ach, rown i'n ifanc, fel hithe.
　　　　Dylswn i fod wedi'i phriodi, siŵr o fod,
　fel ma' gwerin brynie Elfael wedi'i wneud ers cyn co',
　　　gan gwtshed 'u 'whant afreolus
　　　　rhag llyged a thafode'r byd stilgar
　　　　　　tu ôl i gyrtens parchusrwydd.
　　　Ond prin roen ni'n nabod yn gilydd,
　　　　heb sôn am giaru; do'dd gien i na thŷ
　na thwlc, a dim ond cyflog gwæs,
　　　　rhai syllte pitw, am ddilyn y wedd
　　　　　　yn y gwynt a'r glæw;
　　ar giefen 'ny, bydde'r gwarth wedi llorio'n rhieni,
　　　ciapelwyr selog ill dau.
O'dd, ro'dd y wlæd rhynt Brulhai a Chregina,
　　　　　Rhiwlen a Bochrwd,
　　yn brygaldian digon, ond wnæuth neb
　　　　bwyntio bys ata'i, hyd y gwyddwn.
Ta wæth, yn fuan wedyn cies y cyfle
　　　i anghofio'r ferch o Lasgwm
　　　　ynghenol y gyflafan yn ffosydd Fflandyrs
　　　　– ro'dd y dole mwstard o gwmpas Weipers
　　yn gythgiam o leo'dd dæ i ddyn ffoi
　　　　rhag ellyllon 'i lencyndod.

14

Y Mab

Fi o'dd y bei-blow, 'twel, anap 'y mam,
 y mæb anghyfrithlon, y plentyn siawns,
  weti 'ngeni 'eb fantas y stæd briodasol,
'eb fraint clericwyr, y bastard,
  y plentyn llwyn a pherth, y cyswynfab,
 y cyw 'orddach, y plentyn gola leuad
  a'r 'oll ymadroddon lliwcar erill
sy'n cæl 'u defnyddo i gyfiro at r'wun fyl fi,
 er nad o'n i'n blentyn serch, 'swath
  – pwy ots, medda ti, pwy ots?

Wel, r'yn sy'n nafu dyn cimint
 yw gwpod boti'n wrthodetig,
plentyn nad o'dd 'i moyn,
 bod dy fam weti golchi'i dilo 'onot ti,
weti r'oi ti bant i bopol ddiarth
 – oti, ma' gwybotath fylna'n mudlosgi fyl colsyn
  yn dy ben yn ddi-baid
ac yn crafu dy dripa fyl cyllall swrth, cret di fi.

O'dd, ro'dd 'da fi aelwd piwr digynnig
 sha Penr'ewl, ar y pitsh uwchben Merthyr,
'da'r bopol stansh a'm cymerws a'm cwnnu'n ddecha
 – mi garas i'r ddouddyn y galwas
  mam a n'æd arnyn n'w, fyl pob diniweityn,
   'eb achos i 'oli pwy o'dd 'yn r'ieni gwæd.

Ceso i start yn gwitho m'lith peirianna
 pan o'n i'n dala i fod yn wilgrot,
gwaith brwnt, dansherus a diflas
 on' gwaith sach 'ny, wara teg,
  ym mlynydda dybryd y Dirwasciad,
 a 'na le trilas r'ychwant 'yn nyddia,
  yn drifo twrbein 'lectric,
  'eb golli shifft, 'eb gonan
ac 'eb feddwl 'ytnod unwith am wridda.

Caton pawb!
    Gyw'r proletariat ddim yn becso
        am bythach falna, ŵr.

Newitws popath yn glou
    y diwarnod y dysgas y gwironadd am 'y ngeni,
        weti dod o 'yd i systifficêt
yn melynu r'ynt tudlenna Beibil mawr 'yn r'ieni maeth,
    a gweld enw fy mam a'i chyfeiriad
    am y tro cyntaf: *Blanebeddoe, Glescombe, Rads.*
        Ond yn y man lle dyla enw'r tæd fod,
    ro'dd 'i weti mynnu gatal gwactar t'wyll,
        gwagle arswydus, gofod dychrynllyd – dim.
           'Na ti 'edin galed, 'chan!
Gwanas 'i sha thre wetni
    ac aros yn 'y rwm abythdu wthnos ar 'i 'yd,
        yn llefan am y fam na chefas,
    miwn ing a dicter am y bræd a'r twyll a'r gollad;
        do, getho i 'yn siclo gan y profiad 'yn
           ac fe atws farc arno inna, 'ed.

Dros y blynydda fe netho 'ngora glæs
        i wilo amdeni, ond 'nofar.
    Dêr, gerddas ician o witha
        ar 'yd y Stryd Fawr sha Llanfar-ym-Muallt
           ac ishta am oria ar y ffwrwm ger y Gro
    ar fora'r mart, gan ybitho cel cewc
        ar r'wun o'dd 'run dap â fi,
ac yn y pentra sy'n cwtsho yn y brynia gwyrddlas
        'olas 'r'en standers carcus
    os o'n n'w'n dicwdd napod y grotan o Flanbeto.
        Ro'dd amball un yn 'i chofio'n
           dod lawr R'iw Fwnws acha poni bal
        yn y gwynt a'r ponlaw,
    'da ffrêl o wya a llæth idd'u gwyrthu i ladidas yr Yat;
a'r 'yn o'dd weti'u taro gan amla
    o'dd torath 'i gwallt melyn, yngystal â'i chwrteisi

a'i 'osgo urddasol – er gwaetha'r sæch gan
a wishgws dros 'i sgwydda, pŵr dab.

Aw, wetws un yn 'i Sysnag gwletig,
    'w't ti'n r'y 'wyr, ŵr – s'mutws 'i
o'ma cyn y R'yfal Mawr,
    a 'sneb yn gwpod be sy weti dod 'oni os 'ny.

'Na pam, 'da threicil amsar,
    o'n i goffod r'oi lan y w'ilmentan,
        os nad yr 'irath am fy mam,
    ac 'eb amcan os o'dd 'i dal ar dir y byw,
        dysgas shwt i fod yn blentyn amddifad,
      'eb rannu 'nghyfrinach 'da neb
      ond 'run ddæth yn briod i fi.

Wn i ddim sawl tro gofynnws 'itha
    i fi grybwll pythach wrth y meibon,
      'nenwetig 'run sy weti cæl coleg
    o'dd yn 'yn nrilo'n lib-lab am 'y ngwridda,
      on' do'n i ddim yn gallu lleddfu'r gofid
      trw' wilia amdano'n agorad,
a taw o'dd pia 'i bob tro – wàth ro'dd y cwiddyl
    yn 'y nghalon wastod yn drech na fi, t'wel.

Yna, yn sytan, dæth 'y mæb ato'i
    a datgelu 'i fod yn gwpod y cyfan.

Waff, mi roias 'y ngwimad yn 'y nilo
      am ysbaid a thimlo'r pangfeydd
  yn wado yn 'y mrest fyl bitog ffyrnig;
    eto i gyd, mi wrandewas ar 'anas 'i 'oliadau dyfal
      'da gollyngdod mawr ac, ym'en ticyn,
    o'n i'n gallu sefyll o flæn y glàs yn ddiofan
a dachra shiffro r'wfint ar y weiars a'r cebla shang-di-fang
    a ddæth â fi miwn i'r byd.

Y Cerddwr

Gwyddwn, fe wyddwn y cyfan,
  neu o leiaf hynt a helynt
    y ferch benfelen o Flaen-bedw,
  os nad pwy oedd tad ei phlentyn:
    pater semper incertus est.

Ond mae'n syndod faint o drywydd
  mae hyd yn oed y bywyd mwya distadl
    yn ei adael ar ei ôl mewn cofrestri plwyf
      a phapurau newydd ac ar gof gwlad.

Wedi ymholi dros bant a bryn
  trwy'r chwe sir hyd onennau Meigion,
roeddwn, o'r diwedd, yn medru dangos lluniau o'i fam
    i 'nhad ac adrodd peth
  o'i hanes ar ôl gadael Tŷ Mawr,
    ei phriodas yn ei chanol oed
      â dyn cadarn o Gefn Digoll
        a'i marwolaeth ychydig flynyddoedd
    cyn imi ddechrau chwilio amdani.

Roedd yn awchus am friwsion:
  ei hoffter o anifeiliaid anwes,
  ei medr gyda cheffyl a chert,
ei storïau dirifedi am y llawgloch Bangu a'r ychen hud,
  a bri ei hynafiaid fel meddygon esgyrn
    ar fryniau Elfael ers amser Silver John;
roedd yn arbennig o falch, meddai,
  bod un o'm merched, sef yr un oleubryd,
    mor debyg iddi – roedd rywsut
wedi hanner synhwyro cymaint ers tro.

Ar yr un pryd, nid oedd am wybod am ei dad,
  gan dalu'r pwyth yn ôl
    drwy ei ddeddfu i ebargofiant yr afagddu
      oedd yn nyfnder ei galon friw.

Ufuddheais i'w ddymuniad
     ac nid ymholais ragor tra bu byw.

Erbyn hynny, roedd fy nhad yn llawn o ddyddiau
     ac yn ystod ei artaith olaf,
          yr atalfa rhyngom wedi ei chwalu,
     deuthum i'w adnabod yn llawer gwell
          – a'i garu'n ddwysach.

Dyn mewnblyg a thawedog ydoedd,
          huawdl yn ei anhuodledd,
     ac er ei fod yn ŵr a thad cariadus,
          cymydog da a gweithiwr heb ei ail,
               nid oedd wedi bwrw ei berfedd
     wrth neb erioed, gan ddioddef yn gythryblus fud
          y clwyf a gafodd wrth ddarganfod y gwir.

Ond y llynedd, a 'nhad wedi mynd
          dros yr afon i'w hir gartref,
     cefais hyd i fab cyfreithlon y cartwr,
     y llanc yr oedd hen wreigen fach o Lasgwm
          wedi ei ddrwgdybio ers y cychwyn,
          chwedl hithau, a chyda mantais
               y dulliau fforensig diweddaraf
     fe'n hysbyswyd gan labordy
     ein bod yn meddu ar yr union un cromosom gwrywaidd,
          ac felly, yn bendifaddau, fod ei dad ef
     wedi cenhedlu plentyn y ferch o Flaen-bedw hefyd.

Roedd yr ymofyn taer ar fryniau Elfael ar ben
          a'r ffeil drwchus wedi'i chau.

Ha! Paid â sôn wrthyf i
          am wreiddiau a pherthyn a mwynder bro, gyfaill!

Mae etifeddiaeth enetig dyn
          yn gallu bod yn fater o hap creulon –
     o'm rhan i, dieithryn yn curo wrth ddrws y cefn
          yn hwyr ar brynhawn Ffair Bentymor

a morwyn fach oleuwallt yn ei ffedog fras
a fu'n ddigon rhadlon i gynnig dŵr iddo.

Na, mae magwraeth yn llawer cryfach
na genynnau, ddywedwn i.

A phwy ydwyf i? Un a fagwyd ar aelwyd glyd
rywle yng nghymoedd y De,
sy'n hen gyfarwydd â strydoedd hirion
a thwrw'r ffwrnais, ffatri a ffas,
a'u pobl anorchfygol, epil yr haearn tawdd,
y gwaith alcam, y mandrel a'r tyrbin,
yn ymlafnio tuag at nefoedd newydd ar y ddaear
lle na fydd angen i neb
ymysg plant y llawr
wisgo sach flawd dros ei ysgwyddau
rhag sarhad y gwynt a'r glaw.

Ydynt, mae bryniau Elfael yn hardd,
ond maddeuer imi am feddwl eu bod
yn gyfystyr â chaledi, trais, aberth a gofid,
gyda dim ond bara sych a chrefydd ddifraw
i gynnal eu pobl, ac yn anad dim â chywilydd beichus,
anobaith enbyd a'r ofn ffiaidd
sy'n gorfodi merch ddiwair i roi'r gorau i'w phlentyn
a'i adael i'w dynged lem.

Serch hynny, pan gerddaf
y bryniau llwydlas y dwthwn hwn,
rwyf yn teimlo ysfa ddirdynnol
i ymgymodi rywfodd â'r drychiolaethau a drigai yno gynt,
genhedlaeth ar ôl cenhedlaeth yn ddi-dor,
ie, fy nhylwyth truenus i,
ac yn eu plith y ferch felynwallt o Flaen-bedw
a'r glaslanc a gurodd wrth ddrws cefn Tŷ Mawr
ar esgus torri ei syched
yn hwyr ar brynhawn Ffair Galan Mai.

Yr wyf i, y cerddwr aflonydd,
　yn rhoi cyfrif trwy hyn
　　o'm hechdoe dolurus fy hun,
　　　ac yn y gobaith anhyderus
　y daw doethineb ymhen y rhawg
　　i liniaru fy nghalon flin.

Yr Adroddwr
A thros lethrau serth Cefn Wylfre
　　ac ucheldiroedd Gwaun-ceste
mae'r gwynt yn cwynfan ac yn dolefain
　　　fel hen ast wedi'i llwgu,
　　ddydd a nos, haf a gaeaf,
　　　yn ddidrugaredd ac yn dragwyddol.

gwynt yr hen Bengwern: gwynt y dwyrain

eisac: enw anwes ar bladur, teyrnged i'r gwneuthurwr Isaac Nash

Tŷ Mawr: Sheep House, ger y Gelli, cartref John Watkeys Jones

Cadwaladr: gair sir Faesyfed i sarhau dynion sy'n cwrso merched

Hwch Ddu Cwta: y Diafol

Weipers: llysenw milwyr Prydeinig am Ypres, lle defnyddiwyd nwy
mwstard gan yr Almaenwyr am y tro cyntaf

Yr Yat: The Court gynt, tŷ mawr pentref Glasgwm, cartref teulu Vaughan

pater semper incertus est: mae pwy yw y tad wastad yn ansicr; mae'r geiriau
hyn yn ymddangos yn aml yng nghofrestri'r plwyf, wedi eu hysgrifennu yn
llaw y ficer

hyd onennau Meigion: dehonglir hyn gan yr hanesydd J. E. Lloyd
fel cyfeiriad at y coed ynn a safai gynt ger pentref Six Ashes, rhwng
Bridgnorth a Stourbridge

Bangu: cloch fechan a gedwir yn yr eglwys yng Nglasgwm; dywedir iddi
gael ei dwyn yno gan ychen hud yn anrheg oddi wrth Ddewi Sant

Silver John: John Lloyd, meddyg esgyrn, a laddwyd gan ddynion anhysbys
tua 1814

BLODAU
i Ruth ar ei phen-blwydd

Clychau'r eos, llygad Ebrill, tlws yr eira, ladi wen,
march y drysi, blodyn llefrith, pwrs y bugail, gwayw'r bren,

llin y mynydd, llafn y bladur, llysiau'r dryw, y felyn llys,
carn yr ebol, llys yr hebog, llaeth y gaseg, botwm crys,

briwion cerrig, toddair felen, barf hen ŵr, yr esgob gwyn,
llysiau'r pannwr, mwg y ddaear, mwsg yr epa, alaw'r llyn,

n'ad-fi'n-angof, troed y deryn, clust yr arth, y ganrhi coch,
tormaen, brechlys, greulys, crinllys, milfyw, cylor, ysgall moch,

pys y ceirw, hwb yr ychen, lili bengam, gelyn 'r og,
llygad doli, sanau'r gwcw, blodau'r brain, esgidiau'r gog,

grawn y perthi, briwydd eidral, ffrils y merched, gwell na'r aur,
llysiau'r llwynog, taglys, dringol, trwyn y llo, miaren Mair,

cacamwci, eirin Gwion, gwlydd yr eir a llyriad –
swp o flodau wedi'u clymu'n dynn â chwlwm cariad.

CERDDI R'YFELWR BYCHAN
Arma puerumque cano

YR 'ÆF 'WNNW

Do'dd y r'yfal ddim weti dychra 'to.
Ond y pryn'awn 'na,
a'r 'oul yn ffaglo'r r'edyn ar y Meio ishta trichant o genddi
a ffenast y llofft ffrynt yn 'Ewl yr Alcam ar led,
a basnad o ddŵr o'r wrth law
i'r fytwith olchi'r 'wys o wymad 'i fam
fyl dæth 'i phoena'n amlach,
ro'dd y r'estar cyfan yn gallu clwed 'i sgrechiada
a wet'ny, næd gynta'r babi yn 'i garnsi ruddgoch
wrth idd' fa ga'l 'i 'wpo'n sgaprwth o'i chroth sha gola'r byd.

Abythdu amsar te,
a'r parth ishta Ffair y Waun, ro'dd 'i Bampa 'anner-sliw
yn acor fflagenni'n y scyleri ac yn gwa'odd
y cymdogion i ifad iechyd y babi,
ac ro'dd pawb yn 'wherthin, fyl sa'r byd yn mynd i fod yn
orlreit o 'yn 'mlæn,
'eb wæd, 'eb 'wys, 'eb dagra, mor ddi-nam â'r bychan,
y cyntaf-anedig, cnawd o'u cnawd,
etifadd 'u balchder, 'u gwytnwch a'u prytar.

Næ, do'dd y r'yfal ddim weti dychra 'to.
Ond dyma'r enwa'n benawda brishon ar dud'lenna bla'n yr *Echo*:
Hitler, Franco, Mussolini, Hirohito.

Ro'dd y byd weti dychra 'ito.

Arma puerumque cano: 'Canaf am arfau a'r bachgen', addasiad o'r geiriau enwog
Arma virumque cano ('Canaf am arfau a'r dyn') sy'n agor *Yr Aenëis* gan Fyrsil
y Meio: bryn a saif uwchben Cwm Taf rhwng Trefforest ac Abertridwr, lle
treuliais lawer o'm hamser pan oeddwn yn fachgen
Ffair y Waun: ffair geffylau a gynhaliwyd gynt ger Dowlais

MYNTA DAD

ma'r Natsis yn Nastis
chos ma nw'n llædd dinon a pythach fyl 'na
a dyn o'r enw Mista Ritla yw'r cythral gwitha
ma fa ishta pysgotyn mawr sy n moyn
llimpro oll bwmbwlæds yn y byd   mynta Dad

ma'r Jyrmans yn orlreit cofia
y Nastis yw'r gwli-bwlis
ma raid sefyll lan nyrbyn 'u cwafars
neu efonir byddan nw'n dod rownd y patshys
yn gwiddi Sic Oul a pythach welli   mynta Dad

ma Dad yn y Rôm Gard twel
withia ma fa'n gatal fi wishgo i gap
a martsho yd y ripin ta sleish lliti dros yn ysgwydd
i ddangos næg os ofon Mista Ritla arno i
lefft reit lefft reit lefft reit   mynta Dad

ma rwun weti dwcid y rêlins aearn
odd yn arfadd bod o flæn tŷ ni
ble ma nw weti mynd gwed
ma Mista Church Hall weti c'meryd nw
i wneid sopyn o fwleti i sithi'r Nastis   mynta Dad

ma Dad yn cal absant fory
ry'n ni'n mynd i brynu sowldiwr plwm lan y farchnad
ac os wi'n biafo'n lled ddæ
wi'n mynd i gal lolipop ed
ma e'n bryd i fi gal clwstopa   mynta Dad

R'OG OFON

'Ritwch, bois, ma Jerri weti dod!'
Ro'dd 'r êroplên yn r'y uchal yn 'r awyr læs i wpod
ai Spitffeir ne' Mesarshmit o'dd yn croesi'r stripin cul
r'ynt Llanfapon a Llanwynno ishta lluad wen, ond ro'dd
Gogo Berri, y crwtyn mwya o'r r'ain o'dd yn wara ffwtbol
ar Gae'r Biwt, yn dicyn o glipar ar bythach fylna, ac welli,
'eb ddishcwl lan lŵath, citshws y ffrit yn 'i got (o'dd weti bod
yn un o'r pyst), neido ar 'i feic tair-olwyn – presant 'Dolig 'r
                                        wthnos gynt –
a sgidatli fyl Roi Rogers ar 'yd y r'estar 'ir a rownd y gwli nes
                                        cyrradd
bac nymbar ffiffti, ac yno, weti misgi'r latsh a chyta llond tin
                                        o 'sgyfalwch, ro's
'i giffyl yn ddecha'n y sied lle ro'dd 'i Bampa'n catw 'i dŵls, a
                                        chyn gwana
miwn i'r parth i ishta'n dawel wrth y ford gino fyl gw-boi,
sithws y bollt, r'og ofon, 'n erbyn Jerry a'i giang.

Y noson wet'ny, cæs docia Cardydd 'u 'whythu'n siang-di-fang.

MISS MORGANS

Do'dd y plantos bæch yn y dosbarth iou
ddim yn diall pan ddæth y plisman 'ta r'w necas iddi,
a gatws 'i'r stafall, miwn dagra, 'n glou.

R'wpath 'bythdu'i sbonar, a'r wydden ni;
ta beth, clywson ni ddim yfflin r'acor am y boi
a phriotws 'i ddim, pŵr dab, byth wet'ny.

R'ICWM SGIPO

Bili Winc a'i Fami'n sgipo i'r tiwn
troi'r r'aff yn deidi a rŷt di MIWN!

Wîtabics i frecwast, Wîtabics i de
gwsbrin ar y cenol a dim byd o'i le

tapioca, triog du, arw-rŵt a Spam
paid gatal tamad, paid gofyn pam

wya miwn powdar, llæth miwn tin
loshins streip i grwtyn dæ gen Bopa Win

Fimto, Corona, sosejis a mash
stim fyl semolina i lenwi'r cratsh

tishan lychwan, pica ar y mæn
shitlin a ffagots yn ffrio ar y tæn

ma' pwdin reis a thartan yn y gecin fæch
dera 'mlæn, y bara bit, a chliria'r plæt

potsh a chrwshon, bara brith dy' Sul
picl a shiblets a chyflath rownd y rîl

grabin a marmeit, margarîn a ffæ
gwell bola 'ollti na bratu bwydydd dæ

tsiyncs 'ta bara Hofis, coconyts a dêts
weti dod miwn parsel o'r Iwneited Stêts

sgatan a Bofril, tishan lap 'ta jam
cofia di weud diolch wrth dy fam

swîtbreds i swpar, basnad mawr o gawl
ishta'r ladidas sy'n trico sha Porthcawl

cacamwnci, shipons, licorish stic
paid sglaffo r'acor ne' byddi di'n sic

clemo, 'y mlotyn? mwy o bwdin du?
Beti Jones y Ceunant yw f'enw i!

amsar mynd i gysgu, caea dy lycid nawr
byddi di byth yn bwlffyn gyta sgwydda mawr

lan y stær mor dywyll, cwtsho fel gw-boi
cwoto yn y sgimbren, i 'uno'n glou

pan ma'r r'yfal yn cwpla, ar 'y ngair
cei di faint a licet o stondins y ffair

cei di 'ed y cyfla i dyfu lan yn llon
'eb ofni'r 'en rodnis sy ar y ddaear 'on

heisht, y swci mwci, y pythach hyn a ddaw
pan ma'r byd yn callo ac ma' 'eddwch wrth law

Bili Winc a'i Fami'n sgipo ti-a-fi
tro'r r'aff yn ara a MA'S â ti!

Beti Jones y Ceunant: y fam a oedd wedi hen flino ar wneud gwahanol
fwydydd i'w phum plentyn ar hugain (gw. *Cwm Eithin* gan Hugh Evans)

GRESYN

Rabaiotti, Conti, Gambarini, Orsi,
    enwa dicon 'ysbys miwn gybolfa o gwm:
    dethon 'da gwres a lliw a blæs i'n bowyd llwm
o'u 'enfro ddirwasgetig ym mrynia Bardi.

On' wrth i'r Dŵtshi ddychra pwno ar 'i ddrwm
    pendryfynws r'wun binstreip bo' pob Bracchi
    'n goffod mynd sha thre'n ddi-o'd: 'na 'en sgêm sbrachi,
gweton ni, i 'ala n'w'n ôl, 'da chalon drom,

i wlæd mor frocish – ro'dd y dinon decha 'yn
    weti trico yn 'yn plith os cenedlitha;
ac weti'r lw-bôt sithu 'i dorpîdo, go brin

    ar gownt y sarsaparila a'r 'ufan iæ
o'dd y natyr yn 'yn cwm, ond am y gresyn:
    æth bron pimcant i lawr 'ta'r *Arandora Star*.

BWCI-BO

'Shermni corlin', Shermni corlin': y llaish i 'ala pawb
i 'astu am y cwtsh-dan-stær, 'n enwetig Mrs Cranc,
y witw finsir gretws bopath ar y weirless; mwy,
do'dd 'i ddim yn diall shwt ro'dd Lord Haw-Haw yn allws
'i Sysnag caboletig gan taw Jyrman o'dd a, er bod
'r 'en druanes 'narcall yn arddal cofio'i swæd –
bref y shoncyns gyta twtsh o'r Oirish – 'dar 'i dyddia
miwn serfis lan sha Llundan cyn i'r r'yfal droi 'i byd
yn dwmbal-dambal. Welli ro'dd Meiledi'n gallu gweud
pwy'n gwmws o'dd yn mynd i ga'l 'i shamblachu nesa:
      heno'r Coeca, wet'ny bydda fa'n dwrn anochal
      ni i ga'l lwc-owt yn 'Ewl 'r Alcam. O wæ di'afal!

Dranno'th, ac Armageton weti catw draw, aeth 'nôl
i dd'rocan beth o'dd yn y sêr ne' gan y proffwydi
biron yn nail 'i ddishgil. Ni chæs Amos, Micah
na Jona gynt mwy o flæs ar feddwl bo' r'w drychinab
yn mynd i fwrw 'ipo'r pentra fyl cosb gan Dduw – fyl
'sa dim dicon o locustad yn plago ni ishws;
ro'dd 'i chintach, wir, ishta cywydd y gwcw, fatha
pimad golofn. Cystal gweud bod 'yn cymdocion call
yn bur ddihitans o giamatach Mistras Dan Sali:
caton pawb! Pam ga'l y wilis wàth r'w Môsli bæch
      yn brigawlan shwt ffragots yn feinosol am 'yn tranc?
      Un ffamws am 'i walu waldod buws Mrs Cranc.

Tawed y calla. Weti'r cyfan, ma' fa'n ddicon 'ysbys
      taw cratyr ofon dyn yw Duw dialgar, a Bwci-bo,
a dim ond 'orsin nesh fyl fi a lêdis ofergoelus
      o'dd ar ddi'un a lluad 'r 'eliwr yn g'leio'r fro.

On' dirdishéfoni! Fe dimlws pawb yr un bodd'æd
pan æth Wiliam Jois i'r crocbren am 'i uchal fræd.

Lord Haw-Haw: William Joyce
Mistras Dan Sali: menyw hegar sy'n ceisio trefnu bywyd pobl eraill
Môsli: Syr Oswald Mosley, arweinydd y British Union of Fascists

'WTERI

Nos 'r ôl nos o'm gwely cul, fe glywas
   'wteri'r gwitha'n cyfarth fyl 'elgwn –
Penr'iwceibr, Nafigêshon, Dinas –
   yn dær a iasol o ddwfnder Annwn.

On' 'r un mwya ithus, cret ti fi,
   o'dd 'wnco manco, pwerdy Glan-bæd,
yn natu am y dansher i'n cartrefi:
   'na lle, ar dyrn diweddar, ro'dd 'y N'æd

yn gwitho, twel. A dyma'r Lufftwaffa,
   'r ymwelwyr gwinad, yn gwacáu'u llwyth
ar blantos cwmydd Cynon, Tæf a R'ondda.

Anodd, 'eb fod yn 'anesyddol ffals,
   yw gwenu shwdŷchi wrth 'r union lwyth
sy weti cisho frwa di'n shib-ar-'als.

STURM UND DRANG

'En foi sachabwndi
fuws Glyn y Clinca ariôd, yn tinnu a drago shag 'Ewl y Bwnshi
miwn cernola o gwb 'ta siew o'i g'lomennod:
'na pam ro'dd 'ytnod 'i gymdocion bitir yn 'i styriad yn 'ynod.
Sachni, buws rŵ-cŵ-cŵ 'i ffansi'n felysach lawar ganto fa
na'r 'oll fyd a'i glemerca
o Niwramberg 'yd Cwmscwt,
ac yn gwmws fyl y cwb, ro'dd 'ny'n fatar o ddu-a-gwyn, shwt.
Swàth, do'dd y gwmboneddwr 'yn
ddim yn lico swæd y plêns yn torri draws 'u stefan, a dyma Glyn
un noson cwmpo-pela-clusta pan o'dd 'i'n diwal y glaw,
yn mynd 'ta'i ddrîll lan y Meio, shwc-shac, i gisho roi taw
ar grŵn 'r 'Eincel o'dd yn pwllffacan
lawr y cwm 'tag injan ar dæn. O'dd, ro'dd 'r 'en standar yn
                                                    tampan
ac yn reci yn 'i Gloraneg gora 'ed.
On' næ, nace ca'l 'i ddiwadd gan ffrwydron ffyrnig o'dd 'i
                                                    dynged
wrth idd' fa ddirepu 'tag 'oll nerth 'i fecin a dangos 'i ddwrn
i'r 'wrswn nyfath o'dd yn achosi'i fwrn,
on' gan pniwmonia, trw wypod inni,
a buws farw yn sgrib-sgrab y cwb o fiwn shiffad wet'ny.
Och, 'r 'eddychwr Glyn o'dd y cratyr
cynta 'mlith y boblocath sifil ffor 'yn i golli mwy na'i natyr.
Ni wyddys be ddigwyddws
i'r allmon ac ni ddethpwd o 'yd i biriant y jawl nac i'w gorpws.

Ymysg y cymdocion ang'olomennaidd
dyfal fuws y cilbwtan am b'un o'dd y cymtŵ mwy
                                    Götterdämmerungaidd.

Sturm und Drang: ing a therfysg

Götterdämmerungaidd: defnyddir *Götterdämmerung* (teitl opera olaf
Wagner, gyda llaw) i ddynodi digwyddiad trychinebus

BWTSH MORDECAI

Gan næg o'dd a'n gallu darllan, mynta
    n'w, fe ethpwd ag a i'r Peionîr Co,
y bois o'dd yn ceibo'r jobsys brynta
    oll. On' bob 'yn ac 'yn, fe æth ar ffo

a gwanu 'i sha thre. Buws yn byw
    wrth 'en ffîdar Crosha, miwn carabwtsh
lle dæth shincyns yr 'ewl, 'eb syw na myw,
    'ta ffrits r'og 'i wildra. Wara teg i Bwtsh.

Ro'dd weti trico cimint at 'i gweld
    sgrifennws bwt o lithir at 'i fam
a dotws 'itha'r enfylôp ar seld
    lle shiffrws cymdocas 'r ysgrifan gam.

Wel, 'r un dwetydd æth y Capia Coch
    'ta Bwtsh i'r clinc yn Aldershot: do, do,
mi glywas inna 'ed 'i fyglad croch
    wrth i'r 'ffycin Taffi' ga'l 'i wado.

Dêr, 'na gosbedicath ang'yfartal
    am fod yn llythrennog o ddimofal.

Crosha: Francis Crawshay, meistr haearn a ddatblygodd Drefforest fel
pentref diwydiannol
Capiau Coch: heddlu militaraidd

'OMER

Y sowldiwr cynta i ddod lawr 'yn stryd,
    Homar o foi, 'r un dap â Pôl Robson,
fe gerddws gytag 'oll urddas 'i frîd,
    'i gwm, 'i spectol 'oul, 'i 'elm a'i wn

fyl yn y pictiwrs. Un o Omahæ,
    Tecsas. Fe o'dd 'yn ffefryn 'mlith yr Iancs
bu'n sifyll gyta ni ar 'yd yr 'æ,
    gan syfrdanu'r cwm 'ta'u celc a'u tancs.

Wap, un bora, a'r locos weti mynd,
    dæth stefan 'nôl i'r partin unwith 'to;
o'r Bimad Giatrawd ni adawyd 'mond
    'i fat pêl-fæs – nid o'dd 'i angen, sbo,

wrth i'n 'Omer gwpla'i Odysi
ar y træth shag Omahæ, Normandi.

R'WPATH O'I LE

O'r bargod uchal ro'dd y byntin yn c'wfan
    coch a gwyn a glæs, a phawb miwn 'atia 'smala
'n dawnsio'r 'ôci-pôci, a 'r 'en Idwal Dan
    yn 'yshan un ac oll i limpro 'u gwala
o fordydd trestl 'ir yn genol 'Ewl 'r Alcam
    ddantithon prin fyl pomigranats o'r Cwop Stôr.
Ro'dd Owa Defi newy' dderbyn teligram
    'ta'r necas fod y mæb yn sæff yn Singapôr
ac yn dod sha thre o fiwn pythefnos. O boi,
    do'dd y cricsyn ddim yn erfyn blasu'r wermod
y dwarnod 'wnnw. Sachni oll, ro'dd r'wpath o'i
    le: y ffaith fod Nana'n gwishgo dicyn gormod
o lipstic, walla, ac yn campro'n lled ddi-lyth
    'ta Rees y Grosar? Næ, nid 'ynny o'dd yn bod,
on' r'wpath, r'wsut, 'ytnod mwy ombeitus fyth.
    Bydda'r cryt 'ti bod yn orlreit, siŵr o fod,
om bai fod Bampa, yr 'en nyfath bolshi, wàth
    'i brytar am gymbolach dynol-ryw, yn ceca
am lunia yn *John Bŵl* o gorffyns acha colcarth
    r'wla ym merfeddon gwlad o'r enw Byrma;
ac fyl 'sa 'ynny ddim yn ddicon, pictiwr arath,
    sef 'r un o'dd weti bod yn 'chosi 'i an'wyldar
a'r prawf di-næg o brish 'yn buddugoliath:
    y shrwmpsyn mawr yn cwnnu dros 'Iroshima.

Jon Bŵl: y cylchgrawn wythnosol *John Bull*, a ddaeth i'n tŷ ni trwy gydol fy
llencyndod

ASTARS

Ro'dd gyta Mam 'i ffordd 'i 'unan o ddathlu
   'i phen-blwdd y mish Medi 'wnnw ac, 'r un pryd,
o 'wanto gwarad dæ i'r r'yfal, sef plannu
   platshyn o ffarwel 'æf yn y pwt bæch o bridd

yn y pæm mæs y bac. R'wsut ro'n n'w'n prifo
   'n nêt ar bron ddim byd ond 'ata o'r tepot du
a sleishad o fishwil gan giffyl Seth ar dro.
   Ro'dd canmol n'w'n digoni r'wpath ynddi 'i,

r'w r'inwadd y tu 'wnt i ira, fyl 'sa'u
   'esco boneddig yn falm i'r 'wrdd o dwmyn
ro'dd 'r inc-anc weti gatal yn 'i chalon frou.
   Mam annwl, r'ych chi weti 'uno os cetyn

ac ma'r 'en dre'n llond o stiwdants o'r Brifysgol
   yrbyn 'yn, a 'gŷn n'w ddim yn carco'ch ardd
'r un fatha chi. On' 'shcwl, sha pob Gwyl'angel,
   ma'r 'æf bæch yn peri tanbito glascoch 'ardd

y sêr-flota, ac yn dathlu'ch pen-blwdd drachefan.
   Basa fawr næg o'n i'n 'sclaig ne' 'ytnod yn fardd –
licswn i fod weti gweud mwy am y stefan

ro'dd y llewych 'ny'n golycu pan own i'n grwt,
   on' do's 'ta fi ddawn nace 'wn na'r næll; sachni
'gwi ddim yn ang'ofio'ch astars, na shwt

ro'dd 'u 'anian tangnefeddus yn loyw-fyw
   yn ych gwimad. Swàth, ma'r byd yn ailarfoci
ac ma'r fleiddast sy'n gwalo miwn ogof afryw

'n dwym o 'yd ac am limpro cnawon dynol-ryw.
'Na pam ma'ch mæb yn cofio'ch glanwith gwiw.

APOCRYFFA

Ro'dd y Sgwadron Lîda,
cyn-ddisgybl y Cownti Sgŵl, yn atrodd 'i orcheston
per-ardua-ad-astra
o flæn y flwddyn gynta, ac yn 'astu trw 'i bythach ishta
'Yrricên: 'Yn sytan,'
mynta fa, wrth fragan am y Batlobritan,
'dyma'r ddou ffycer 'yn yn wipo ma's o'r cwmwla am un o'r
gloch
a dychra sithi arnon ni.' Och, och,
y tyrfêdd afreolus yn sgwto'r Asembli Hôl! 'Ahym, Ahym,
esgusodwch fi,
Sgwadron Lîda,' mynta Piggi,
gan dorri'n soch-soch ar draws y clochdorion
'ta gwên liw-gola-luad. 'Ahym, fe ddylid dwyn mewn cof,
Fform Won,
mai math o awyren ydyw'r Fokker.
Carri on, Sgwadron Lîda.' Ro'dd gwimad y Prifathro, sach 'i
'oll glymoca,
yn copri nawr a'i ŵn du cwta'n dynn
am 'i genol blonecog ishta ffetan ar draws bola fenyw fæch
sy'n erfyn,
ond wrth i'r Mwstash Mawr ga'l cetyn i gobo joch o ddŵr i
wlychu 'i lwnc
a cha'l gwynt lŵath dan aden 'i bwnc,
atepws, er llawenydd digynnig i'r cryts,
'Na, na, Prifathro, ro'dd y ddau ffycer 'yn yn Mesarshmits!'
'Na'r unig dro, trw wpod imi, i'r Lowar Sgŵl ga'l clywad
r'wun yn llorio
Ahym, Ahym, 'yn mwchyn o Brifathro –
nace am golbo'r bechgyn 'ta'i Jini Fetw'n 'ychaidd o frwdfrytig
ond am 'i anwybotath o'r iaith ddemotig.

Si non è vero è molto bon trovata,
ys gweto pob copa di-walltog o'm cydoeswrs wrth wilia am 'i
alma mater
a'r 'Wch Ddu Gwta.

Per ardua ad astra: peryglus yw'r llwybr i'r sêr (arwyddair yr RAF)
Si non è vero è molto bon trovata: os nad yw hyn yn wir, fe ddylai fod
alma mater: hen ysgol neu goleg

JIWLS

'Na athro didorath fuws Tom Clee.
Lladin o'dd 'i bwnc ond, yn wir i chi,

cheson ddim 'wyl ar *Belo Galico*
yn naplas 'i wersi: ro'dd r'aid carco

r'og pito gapo tra o'dd a'n grwnan
amo amas ishta bili giwcan.

On' wara teg i Jiwls ('i lasenw
mor ddoniol-grilon i un mor salw):

wiliws dim ond unwith, mynta r'ai,
am y g'lanas ar y rêlwê dros y Cwai

a cha'l 'i wado'n dedfyw gan y Jap.
Ro'dd 'i nerfa'n shibadêrs, a whap,

dæth 'yn gyfla i ddangos itha siew
o 'tifaræd am 'yn dirmyg: *eheu*,

cæs 'i ddiwadd yn Rufeinig o nêt
'ta'i ben ar y lein sha'r trêdin estêt.

Belo Galico: *De bello gallico, Y Rhyfeloedd yng Ngâl*, gan Iŵl Cesar
amo amas: dechrau rhediad y ferf *amo,* caru
eheu: och fi, ebychiad Lladin sy'n mynegi anffawd neu drallod

6 MEHEFIN 1944–2004

Trician o flynydda'n ôl: eto i gyd,
wrth wylad y mwstwr o 'ynafgwyr stansh
ddringws y clogwyni serth shag Arromansh
    a newid cwrs y r'yfal byd,
allwn i ddim pito timlo bo' 'ta fi ran fechan yn 'u 'anas,
    a'r g'lanas.

CERDDI 'WHANT Y CNAWD

GAIR I GALL

Fe 'wetws Gwenallt rywpath tepyg amser maith yn ôl:
    daw'r dydd, yn hwyr neu'n hwyrach, pan fydd gan ein llên
le mwy anrhydeddus ar gyfer 'whant y cnawd, a rôl
    o bwys i'r rhai sy'n gallu derbyn hynny gyda gwên.

Ddarllenydd mwyn, nid wyt, fe wn yn iawn, ymhlith y criw
    o beili-bwms yr iaith sydd wastad yn ca'l sioc
bob tro mae bardd yn hanner crybwll – mor herfeiddiol yw! –
    fod gydag e, heb gwta iot o swanc na chonan, goc.

Nid wyf am bilo wya yma am fy 'niffyg 'whaeth':
    sarhad difrifol ar ddarllenydd aeddfed-iach
yw peidio galw gal yn gal yn gwmws, ambell waith,
    gan gwato'n dylwythtegaidd y tu ôl i seren fach.

Cytunwn, felly, garedigion y petha cain,
    am hyn: taw testun hardd, nid anllad, odi'r fflam
sy'n crynu'n frwd ym meddwl llanc a rhynt 'i goesa main
    ac ynta'n fishi'n ceisho torri llinyn ffetog Mam.

Paid â bratu amser nawr â'r fflama rhagweladwy
    a losga yng ngwaith beirdd sy'n dewish 'whara'n saff;
dyma gerddi mwy dansherus, ticyn mwy fflamadwy,
    abythtu rhywioldeb bora o's, gan brydydd craff.

O, gad dy gochi! Buost titha shwrna, siŵr o fod,
    yn grwt neu'n grotan nwydus, blorog-heglog, sbo;
wel, dathlu dyddia glaso'd titha hefyd yw fy nod –
    a chyn i fflam y llwyna ddychra pylu yn y co'!

Gwenallt: gw. *Ffwrneisiau* (1982): 'Fe fydd barddonieth Gymrâg yn siŵr o
ddarganfod y cnawd rywbryd; ac fe fydd yr awen yn gweld fod gan ddyn
goc.' (tud. 100)

LINDA

Yn bwt diwàrdd yn byw miwn pentre clawd
    a'r blew fyl eirin gwlanog ar 'y moch,
fe ddysces i rhw yfflin am y cnawd
    gan ferch a'i gwertha'i hun am ddima goch.

Fe gwrswn hi'n ddi-baid i dalu'r pris
    tu cefn i'r cwbs trw' gytol gaeaf o'r
lle deffrws hi'n feinosol sarth 'y mlys
    â chusan glec o'i gena llawn o bo'r;

a phan, tan gudd y pabwyr ger Pwll-du,
    dangosai'n ewn, am loshin streip neu ddwy,
'i chamfflabats a'i thethi pigfain-hy
    yr o'n i yno gyta'r horsins mwy

yn awchus am y rhyfeddota hyn.
    Heb fod yn hir, a'r swae lan sha Ton-teg
bod corff rhw slwt yn nyfro'dd bas y llyn
    a'i nicars ffansi'n pwco ma's o'i cheg,

fe wyddwn i heb holi pwy o'dd hon –
    y ferch a roddws imi wersi pla'n
am gyfrinacha bola, cnwc a bron
    a dda'th yn fuddiol yn nes ymla'n

pan gefes afel ar efrydia uwch.
    I Linda fach bo'r diolch, am fywhau
gwyddora annihun fy ecin-awch;
    ac erbyn hyn wi'n ddoethur, mwy neu lai.

Ond rhag 'y mod i'n folon ar 'y myd,
    fe ddyliwn noti yma, am wn i,
y timlad od sy'n becso dyn o hyd
    taw dima goch 'y 'whant a'i sgrecws hi.

BETRYS

gan gofio llun adnabyddus Henry Holiday, 1883

Fel Dante ar y Ponte Santa Trìnita
    pan welws Beatrice yn 'i hirwisg hardd
yn rhodianna hyd Lungarno, a Monna
    Vanna'n syllu drach 'i chefen shag at y bardd
i weld a o'dd e wedi ca'l y necas gas
    nad o'dd 'i ffrind yn gwenu ar 'i gyffes serch,
fe welais inna, ffrit miwn cap a blaser glas
    yn mynd sha thre ar dop y trolibys, y ferch
brydferthaf yn fy myd glasaeddfed a di-glem.
    Yr o'dd 'i chorff yn dra dilychwin-lluniaidd
ac O, 'i gwallt miwn torcha our fyl dïadem
    o gwmpas 'i gwynepryd cyn-Raffaëlaidd!
Ond Och, yr ystyr diamheuol yn 'i gwg
    pan wenais arni'n shei! A whaff, fe drows 'i chefn
a mynd, heb gewc yn ôl, rownd cornel Hewl-y-mwg.
    Ni welais byth mo'r weledigaeth deg drachefn,
ond am wythnosa wedi hynny ro'dd 'y mhen
    yn ddryslyd, llawn o'i gwar a'i gwedd gosgeiddig: o'r
ychydig hyn fe etho rhagof, yn bendraphen,
    i ddarllen am gysyniad sych *la fin'amor*.
Paham o'dd prydydd mawr fel Dante Alighieri
    yn fo'lon, tybiais, i ddangos dim ond 'parch'
i bishyn bert fyl Beatrice Portinari,
    a hyd yn o'd pan o'dd hi'n gorwedd yn 'i harch?
Myn jawl i, dyna'r unig dro y gwelws hon
    ac ro'dd hi wedi gwneud yn gyfan gwbl glir
(tra o'dd y bardd â'i law yn citsho yn 'i fron)
    'i bod hi'n bur ddihitans o'i ymagwedd ir.
Ond bob yn dicyn, dyma a ddeallais i:
    afreal o'dd yr eneth, y Ferch Ddelfrydol,

datgeliad gan Dduw, ac ro'dd e'n canmol hi
    tra'n aros cwrdd â menyw llai arallfydol.
Ro'dd dysgu hyn yn wers i grwt mor betrus
rhag gwlana'n lloaidd rhagor am 'i Betrys.

la fin'amor: serch cwrtais, serch llys

SUE

Ni cheso fawr o drafferth yn catw'r Deg Gorchymyn
    a ddysgais yn yr Ysgol Sul yn ystod p'nawnia hir:
ni chymerais enw Duw yn ofer, ac yn grwtyn
    fe anrhydeddais 'yn rhieni gyta chariad pur.

Yr unig un i hala bola tost i mi, yswaeth,
    o'dd yr hwn sy'n sôn am 'whennych eiddo dy gymydog –
nid 'i dŷ, 'i was, 'i forwyn, 'i ych na'i asyn, chwaith,
    ond 'i wraig, w. O, caton pawb, 'na ti un awgrymog

o'dd honno'n trico dros y ripin i ni! Pob yn bwt
    dechreuais sylwi shwt yr o'dd hi'n tanio 'mlys
trwy 'whimlid withia hyd y teras hir yn shicl-'i-chwt
    a 'whifio'i chlytia'n feiddgar ar y lein pob mish.

Ah, ro'dd 'wharenna 'wilgrwt yn bownd o ga'l 'u trwblu
    gan y fath eofndra, ac fe freuddwydiais o hyd
(heb yr amcan lleiaf yn y byd am odinebu)
    am bechu rywfodd gyta 'nilo rownd 'i chanol hud.

Wrth lwc, ni waharddwyd neb gan yr Hollalluog Dduw
rhag pwlffacan gyta chrotan 'i gymdoces, sef Sue.

BRIGITTE

Un o'm hoff blesera ers llawer dydd
    pan o'dd deg swllt o hyd yn eitha swm
    o'dd janto ar y trên i lawr y cwm
i fwrw p'nawn dydd Satwrn yng Ngha'rdydd.

Gyta shew o rodnis talog-ifainc
    o'dd, ar 'u gora, prin yn hanner pob,
    fe es i weld y ffilmia yn y Glôb
fyl modd o gatw lan â phetha Ffrainc.

Un rhan o'm nod o'dd ca'l fy Lefel O
    trwy loywi'r iaith fyl pob ymgeisydd call;
    ond scothi ffiban odw i – y llall
o'dd 'whysu'n stecs dros fronna La Bardot.

Fe gwplais i 'ngwaith cartra bora Sul
miwn potsh ofnatw yn 'y ngwely cul.

PENNY

O, paid, da ti, â chymryd bod 'y mryd
   o fora gwyn tan nos ar ddim mwy call
na bechingalw, 'whedl Mam o hyd,
   a'r arfer, mynta rhai, sy'n troi di'n ddall.

Ro'dd rhychwant da 'da fi o raligamps
gan gynnws, yn y Pumed, casglu stamps,

a phob hyn a hyn, mor frwd â shibons
   a'm tocyns yn 'y nwrn, fe fodiais
drwy gataloga drud Stanley Gibbons
   yn un o'r siopa oddi ar yr Ais,

gan ddysgu'n rhwydd am y fath betheuach
bod lot tu hwnt i gyrra'dd bachan bach.

Bu crotes gro'nddu yno, hardd dros ben,
   ac wedi imi sôn am Sarawac
a hitha'n dringo lan yr ysgol bren,
   fe sgapiais ddyfrnod prin y *Penny Black*.

Ah, buws hynny'n hwb i gatw lan
fy hobi ffilerotig, hanner-pan,

a gan nad o'dd 'y nghascliad yn faith
   gadewais le yn *Albwm Mawr y Byd*
i un o'i thepyg, a byw miwn gopaith
   o weld 'i ddyfrnod tywyll ryw bryd.

Wi'n cofio'r rhagolwg hyd 'n o'd nawr
fy mod i wedi tyfu'n fachan mawr.

ANN

A minna'n canlyn nawr, yn un ar bymtheg o'd,
    fe roddws Nhad mor garcus y gorchymyn ta'r
    i drafod Ann yn gwmws fyl pe bai hi'n 'wha'r –
sef y grotan fach na cha's 'yn rhieni 'rio'd.

Dicon hawdd o'dd grondo tra buom, fi ac Ann,
    yn folon crwydro'r hewlydd cefen yn y glaw –
    a shwrna bûm mor benbo'th-ewn â dal 'i llaw,
rhy driscyl-swil i weud na bw na be. Ond pan,

rhw dd'wetydd clòs wrth loc y gamlas sha Glan-bad,
    fe ddotws Ann 'i dilo'n sytan ar 'y nghal
    a scwto fi â'i chlunia'n sownd yn erbyn wal,
fe dda'th yn anos i mi ddilyn cyngor Nhad.

Jowcs, meddylies i, a'm copish dal yn dynn,
do's bosib fod 'whiorydd yn dy drin fyl hyn.

MAIR

Wrth fynd o ddrws i ddrws yn Nhro'drhiw-gwair
　　yn ystod refferendwm saith-deg-naw,
　　fe drewes i, â chynnwrf di-ben-draw,
ar ferch a 'whantes gynt o'r enw Mair.

Erbyn 'ny ro'dd hitha dros 'i deucain
　　(a gwallt ni'n dou yn britho dicyn bæch),
　　ac felly, ni ddishcwlies dwmlo fflæch
wrth weld 'i llycid gèg a'i bocha main;

ond cofies sach hynny shwt y bu
　　ar ffwrwm parc y pentra un prynhawn
　　yn ca'l 'yn ffaclo gan 'i blowsen lawn,
a'm 'whant, fyl colsyn, yn f'arteithio i.

Ni wn a o'dd y gwres o'r orig 'na
　　yn rhuddo yn 'i chof mor eirias glir;
ni cheso fawr o lwc 'da hi, yn wir –
　　yr o'dd fy Ie'n gryn wannach, t'wel, na'i Na.

Ni chetho, chwaith, 'i chydweithrediad
ym mater seithug y Cynulliad.

JEANNE

Pan etho i lan i'r 'Wheched yn y Cownti Scŵl
    fe ddwlas i ar hwran – Jeanne Duval,
'i gwallt, 'i shobet gyrliog, a'i llycid pŵl
    fyl sent ar bob tudalen o *Les Fleurs du Mal*.

'Whara teg i lêdis gwelw'r beirdd Rhamantaidd
    fyl Julie, Lydia, Jenny ac Adèle,
fy newis i o'dd trwmpan fwy Modernaidd,
    cymysgedd 'wherw-melys o absinth a mêl.

Pa fachan 'whantus na fydda wedi hoffi
    (*hypocrite lecteur, mon semblable, mon frère*)
ca'l 'i ddilo ar 'i chrwper pert, lliw-coffi?
    Der, hen foi hynod o ffortunus o'dd Baudelaire!

Yn wir, ro'dd Jeanne, i mi, yn slashen eitha ciwt –
nes cwrdd â'r Fenws Ddu ar bafin Hewl y Biwt.

lêdis gwelw: menywod Lamartine, Vigny, Nerval a Victor Hugo
hypocrite lecteur, mon semblable, mon frère: mae'r dyfyniad o'r gerdd '*Au lecteur*' yn dod o *Les Fleurs du Mal* gan Charles Baudelaire: 'darllenydd rhagrithiol, fy nebyg, fy mrawd'

SIDONIE

Wrth ddod o hyd i'r cylchgrawn ar y silffo'dd top
  ni wyddwn beth i ddishcwl, ar fy llw;
digwyddws hyn ym Montparnasse, a dyma'r siop
  lle catwyd ôl-rifynna *La Nouvelle Revue.*

Dychmyga, felly, pan agorais *Soixante-neuf,*
  shwt ca's yr ieithgi henffel hwn y braw
o ddysgu beth yw ystyr *te faire cuire un œuf*
  ac nad antholeg Gomer o'dd y chwe-deg-naw.

Voici Sidonie, la mignonne s'amuse ce soir . . .
  ro'dd dilo'r ferch yn gwascu ar 'i bron,
elle se révèle pour lui le mystère rose et noir . . .
  a bachan heini'n profi blas 'i Jini Jon.

Yr amcan o'dd i grwt ca'l cwnnad, decin i,
ond Och, yr olwg swrth ar wimad Sidonie!

La Nouvelle Revue: un o gylchgronau pwysicaf Ffrainc
Voici Sidonie...: Dyma Sidonie, mae'r ferch yn cael hwyl heno
elle se révèle pour lui...: mae hi'n dangos iddo y dirgelwch pinc a du

MARC'HARID

Pan dwmlaf megis am'all bwl o'r felan
    ac wedi ca'l llon' bol o Tony Blair,
wi'n cofio am Marc'harid ar Bihan
    yn borcen yn 'y ngwely yng Nghemper.

Ro'dd hi'n Llydawes dinbo'th, ac eithafol
    i Gymro bach cymedrol fyl myfi,
ond ceson ni ein *fest-noz* achlysurol
    o dan 'i baner enfawr, *Gwenn ha Du*,

ac un canlyniad da o'i deialecteg
    o'dd hyn: bu rhaid im ddysgu ar 'y ngho'
ddetholiad o eiria bach Llydaweg
    fyl *c'hoari koukou* a *Breizh Atao!*

Peth arall, mwy na hanner canrif wedyn,
    wi'n cofio am y Bigoudenne a'i blys:
yr o'dd hi'n hoff o hwpo ma's 'i chrwmpyn
    a'i shiclo fyl y clycha yng Ngher Ys,

ac wedi dihysbyddu'r amrywiada
    fe mynnai bo' ni'n canu bobo un
'*Bro Goz ma Zadou*' a 'Hen Wlad fy Nhada'
    tra 'mod i'n wado amser ar 'i thin.

Fe getho'm sicrhau gan sawl un doethyn
    taw defod werin Geltaidd odi hon;
bid hynny fyl y bo, gan y benboethen
    fe ddysgais i rheola'r *lutte bretonne.*

Yr o'dd hi, i bob pwrpas, yn unieithog,
    ar yezh brezhoneg yr ora'n y byd;
ar brioti rhw *plouc yaouank* tra gwaddolog
    a macu deg o wilgrots o'dd 'i bryd.

Ond ddo', miwn siop grempoga yn Lannilis,
 fe glywais gan 'y nghyfaill, Yann ar Brem,
'i bod hi'n enwog erbyn hyn ym Mharis
 fyl seren yn y fideos Ess ac Em.

Ah, Margot Lapetite, yr wyf yn dychryn
 shwt gymint mae y clonc yn mishci clo –
i feddwl am dy din yn nilo'r gelyn
 a titha'n wilia Ffrangeg – *Kenavo!*

Gwenn ha Du: gwyn a du, lliwiau baner Llydaw

Breizh Atao!: Llydaw am byth!

Ker Ys: gwlad o dan tonnau Bae Douarnenez, sy'n cyfateb i hanes Cantre'r Gwaelod

Bro Goz ma Zadou: Hen Wlad fy Nhadau, anthem genedlaethol Llydaw

la lutte bretonne: ymaflyd Llydewig

ar yezh brezhoneg: yr iaith Lydaweg

plouc yaouank: dyn ifanc

Kenavo!: Da boch!

FIONA

Ma'n ddicon hyspys, mynta rwun yn 'y nghlyw,
  taw darganfyddiad mwya'n dwthwn ni
yw bod merched hefyd yn ca'l mwynhad o ryw;
  ma' hynny'n reit 'i wala yn 'y mhrofiad i:

er bod am'all un yn 'i wadu, gwitha'r modd,
  mae merched sionc yn hoff o ddili-dŵ
miwn parlwr ac miwn bera: ma'n nhw wrth 'u bodd
  pan fo topyn gogor llanc yn 'u coglish nhw.

Scotes o'dd yr eithriad – ma' hi'n sefyll ma's
  oherwydd ro'dd hi'n finshur ar y naw –
fe drows bron pob lapswchad yn hysterig-gas
  a ffilais diwno lan 'i phibgod gyta'm llaw.

Ma'n flin iawn gyta fi, Fiona Harris-Tweed,
buost ti mor sych a finna'n fodia i gyd.

X

Rwy'n siŵr dy fod ti wedi sylwi erbyn hyn
    ar feia yn f'ymddygiad; ond clyw,
i ŵr-neu-was priapig rhinwedda eitha prin
    yw hoffter a thynerwch fyl elfenna rhyw.

Ei unig hoen, wrth gwrso merched yn ddira'n
    yw cyffro – hyd y gwyddwn i, ta p'un –
nes bod y boi pen-whilper yn callo'n nes ymla'n;
    do's dim cydwypod gan y gal ac arno fin.

Tra hunanol o'dd 'y mabo'd gwaradwyddus
    ond ys dywetws bardd jimím o Sais,
fe getho inna, gyfaill, *annus mirabilis*
    pan hwpws merch ddihafal 'i gwayw dan f'ais.

A dyna pam wy'n cwpla gan roi taw ar glecs
wrth gynnig nawr y shingrug hyn i'm priod, X.

bardd jimím o Sais: Philip Larkin
annus mirabilis: blwyddyn o ryfeddodau

O, GYDA LLAW

Rhac ofon bod ryw fenyw ddeche'n ffili gweld 'i hun
    yn gwenu yma, ac yn rhy boléit i ofyn pam
nad wyf yn gata'l iddi dwmlo lŵath gwres y fflam,
    rwy'n addo, ar achlysur arall, ddod o hyd i'w llun –
fe fydda'n gas 'da fi, yn wir, bod rwun yn ca'l cam.

MRS GEE

Jangleres heb 'i hail o'dd Mrs Gee,
    Ffetan y lachan clwc a'r clepan cas,
Yn ffili sôn am neb heb ffroeni si
    O sgandal sawrus yn 'i gylch neu'i dras.

Fe fyddai'n scothi celwdd brwnt ar dro
    Gan ddamshal enw da yn shib-ar-hals,
Hen walbi ronc a llym 'i thafod, sbo,
    Un wrth 'i bodd â thystiolaeth ffals.

Dishmoli pobol o'dd 'i phrif ddiléit
    Trwy shilshil mefla 'i chymdogion
A bwrw siew o sen a swp o sbeit
    Ddanteithiol 'da 'i chlochdorion.

Hi o'dd Anti Marian ffor' hyn! Shwt,
    Ni fynnai rannu 'i chyfrinach glaf
'Da neb, na lapan am y basilws,

A bu 'i chorff yn gwynto yn y cwt
    Am bron bythefnos, ac yng ngwres yr haf,
Cyn i rwun stentlyd balu'r drws.

Anti Marian: y cymeriad yn *Pobol y Cwm*

MARI

Bu farw mwy nag un o'm ffrindia ysgol i
    Cyn gwishgo trowser hir neu bowdwr ar 'u boch,
Rhyw rai trwy hap a damwain, am a wyddwn i,
    A rhai o afiechydon fyl y dwmyn goch.

Ond nid o'dd 'run o'r marwolaetha enbyd hyn
    Yn bwrw cyscod drosof mwy tywyll na mwy maith
Na phan a'th Mari Lewis, druan, draw i'r Glyn
    Am gysgu, mynta rwun, rynt cynfasa llaith.

Wy'n cofio'n glir y dydd pan dda'th y necas gas
    Nad o'dd hi'n dod yn ôl i ddosbarth Mrs Vine
A chlyws pawb yn gegrwth beth o'dd arni – nace'r pas
    Ond gair nad oeddem wedi'i glywed gynt: 'dicléin'.

Do'dd neb yn gallu derbyn yn 'yn pentre clawd
    Y bydda'r Angau'n cymryd Mari fach o'n plith,
Mor addfwyn o'dd, mor dlos, mor hoff o sugno'i bawd:
    Ro'dd un ac oll ffor' 'yn miwn dagra rif y gwlith.

Ni chredaf, cystal gweud, miwn byd ysbrydion
    Sy'n crwydro'n ôl i drwblu'r rhai sy'n fyw ac iach,
Ac eto, dyma beth ni fedrai neb 'i sbonio'n
    Hawdd wrth gisho ateb cwestiwn crotyn bach:

Rw wthnos wetyn, ddwy efalla, dyna'i gyd,
    Fe welas Mari'n cered hyd y teras top
Yn gwenu'n siriol arno' i cyn croesi'r stryd
    A thoddi'n llwyr trwy wydr ffenest fla'n y siop.

A dyma rwpath arall a gorddai yn 'y mhen
    Am 'r hyn a welas i heb os nac oni bai:
Ro'dd y rhosod coch yn dal ar 'i phrydwedd wen
    A llin 'i phlethi hirion o hyd yn our.

Nid wyf yn dishcwl 'i gweld hi 'to 'miwn bowyd pêr'
    Na chwaith miwn unrhw fath o wynfyd hardd a ddaw;
Ond, yn iard yr ysgol, rw gyta'r nos o sêr,
    Tybiaf 'mod i'n hanner-clwed llaish gerllaw –

Ma'n 'wara lici-loci gyta phlant Cae-brân,
    Ac O, yr hwyl ddigynnig! O, y randibŵ!
A Mari, 'y nghariad cyntaf, yn 'i blowsen lân,
    Â'i gwên fyl seren hwyrol, yn 'u cenol nhw!

JONNA

gadewch i ni 'i chlywed hi nawr i Jonna a'i depyg
    cryts sy'n gwishgo capia pêl-fas tu 'whith a sgitsha Nike
a chrysha-T gyta 'Yeah whareva' a 'Boyakasha' arnynt
    wrth ymarfer 'u celfyddyd yng ngoleuni lampa neon

ble bynnag y bo concrit handi neu wal sy'n wyryfol wen
    'n enwedig y rhai sy'n stenslo ein di-gelfdiroedd
                                   prifddinesig

o dan bontydd yr M4 ac yn y gwlis tu cefen M&S
    ar drosffordd Gabalfa a thai bach drycsawrus yr Ais

ar grwmpyn y seidins cwbl banawsig ar gyrion Caerdydd Canolog
    ac yn ddiweddar ar fanc HSBC ar dop Hewl y Frenhines
lle mae un o'r tagwyr wedi whistrellu gyda'i gan erosol
    y graffito 'X=Nirfana / OK' mewn llythrenna gwaetgoch

y nhw yw gwir artistiaid yr oes anachubol hon

ma'n hen bryd i rywun weud gair o blaid Jonna a'i griw
    nhw yw Diego Rivera a Banksy ein Gwalia Wen
dyw 'u celfwaith ddim wastad yn mynd 'da chwtshins y lolfa
    chewch chi ddim 'u pwrcasu yn Oriel Martin Tinney

does neb yn 'u casglu fyl ffig'rynna Lladro i hel lluwch
    ymysg y piwter a'r llestri gleishon ar ddresel Mam-gu
does neb yn gwahodd y rhain i falu awyr ar S4C
    ma'r *Echo* a churadon ein Hamgueddfa'n 'u hwfftio nhw

fedr neb sgwennu thesis arnynt ym Mhrifysgol De Cymru
    does 'run ohonynt wedi cael OBE na'r Fedal Aur
celf er mwyn celf a dim crap yw 'u harwyddair demotig
    ma'n nhw'n gwrthod pob nawdd ac yn codi dau fys i'r dyfodol

y nhw yw gwir artistiaid yr oes anachubol hon

dy'n nhw byth yn trafod 'u gwaith yn Nhŷ Newydd
    ma'n nhw'n gatel 'u mureiria i bynco drostynt 'u hunain
ma'n nhw'n gybitho 'u bod yn niwsans i'r patriarchiaid
    y cognoscenti yw'r rhai sydd ym mloda 'u dyddia

ma'n nhw'n llawn sylweddoli er nad oes modd i'w gwahardd
    'u bod miwn peryg dybryd o gael 'u hanwybyddu
ma'n nhw'n gwpod y bydd 'u harabedd yn cael 'i sgwrio bant
    eto i gyd ma'n nhw'n barod 'i mentro hi doed a ddelo

yn yr wybodaeth siŵr 'u bod yn tanseilo'r Farn Sefydledig
    ac ma'n nhw'n catw ati gydag ymroddiad cymeradwy
felly rhowch ych dilo at 'i gilydd gyfeillion un ac oll
    i Jonna a Dank a Niblo a Cer a Lobo a Goth a Jing

y nhw yw gwir artistiaid yr oes anachubol hon

61

CAWOD
er cof am 'nhad-cu a'm mam-gu

Fe wnest ti, Charlie, jobyn da o waith
    y bora hwnnw ym mis Mai, mil naw
dim saith, a thitha'n gosod cebla 'r hyd
    Hewl Eglwys Fair yn y tywydd mwyn –
ac ma'r hanas weti catw peth o'i swyn.

Ma'r gwanwyn sionc yn campro trwy Gaerdydd,
    y ddinas newydd, gyta stremp o binc
ar brenna ceirios ym Mharc y Rhath,
    ac yng ngerddi'r Castell, eiddo'r Marcwis,
ma' dynon ifainc yn 'u hetia gwellt
    yn rhodio gyta'u wejis pifflyd-pert;
ma'r Ymerodraeth Fawr yn ca'l 'i glo
    trwy ddocia Biwt, ac ma' cyfloga da
i'w hennill wrth i'r ddinas fagu bol
    'da chadwyn watsh, ac ma' Miss Marie Lloyd,
cariad y werin ffraeth, yn canu
    'i baledi croch yn y Capitol,
gan atgoffa Cocni rhonc fyl titha
    shwt i 'werthin am ben byd annipan;
ma'r Swffragéts yn gorymdeitho
    lan Hewl y Brotyr Llwydion, o dan
'u baner enfawr 'da'r Ddraig Goch arni,
    gan anwybyddu gwawd y rodnis sliw;
ma' Edward ar 'i orsedd erbyn hyn
    ac ma'r byntin a'r baneri trilliw
sy'n clepian yn yr awel 'r hyd yr Hewl,
    a'r bwa glo, yn ddim ond megis rhacflas
o'r croeso brwd i'r rafiwr o Sais;
    ma' Asbrins nawr ar werth yn siopa'r Ais.

Ond ar y bora tyngedfennol hwn,
    nid ar y byd a'i glema ma' dy fryd
wrth sychu'th dalcen gyta nishad goch

a thrin y gwifra byw fyl gwinwydd pêr
eithr ar y swp o gebla cnotiog –
    ma'r tramwê drydan yn y partha hyn
yn cynnig bonws am dy sgilia prin.

Yna, yn sybyrthol o'r wybren glir,
    ma' curlaw trwm yn scipo i lawr yr Hewl,
gan droi pob gwter lidiog yn ffrwd;
    ma' tyrfa'n clecian ishta trycia cols,
ma' lampa David Morgan ar y blinc
    ac ma'r colomennod yn ca'l 'u hel
o ben John Batchelor, 'Cyfaill Rhyddid';
    heb fod yn hir, ma'r ffos yn llawn o ddŵr
ac felly, rwyt yn galw ar dy fêts
    i'w ffarnu hi – yn whaff; ac yn y man,
ma'r cerrynt brig yn bwgwth 'whythu lan.

Draw yn Arcêd y Wyndham, sy gerllaw,
    ma' rhai'n ymochel rhog y tywydd ffrit
ac yn 'u plith, o dan 'i broli du,
    crotan ucen o'd, tu hwnt o ddengar,
merch cwnstabl yn un o gymo'dd Gwent
    a morwyn fæch i Mrs Cory-Whytt
sy'n byw miwn plasty crand draw yn y Fro;
    ma'r arian miwn llonga ac miwn glo.

Nawr, merch gyfrifol iawn wyt ti, Lilian,
    ac er nad wyt yn rhy gyfarwydd 'to
'da gwishgo lifrai du-ar-gwyn y crach,
    do's dim byd comon yn d'ymddigiad di;
sach 'ny, ar ganol bora ym mis Mai
    a rwpath hudol yn yr awyr iach,
yr wyt, yn flonden fain, lygatlas, nêt,
    yn folon llusgo'th dra'd am dicyn bæch,
tra bod y ponlaw'n tampo yn ddi-daw
    a sgertia'n ca'l 'u trocsi gan y baw.

Bid hynny fyl y bo, cyn bod cloc our
      y farchnad weti taro'r 'wharter awr,
rwyt ti'n ca'l sgwrs tra ffrenshibol 'da'r boi
      sy'n swanco rhosyn yn 'i labad brwnt
'da'i fowler giaffar siwc-siac yn 'i law,
      ac yn 'wherthin ar 'i 'whalu 'whaldod
am Vesta Tilley yn y Tivoli
      a Harry Lauder yn y Gaiety.

Y shiffad nesaf, ac er syndod, wir,
      i'r ddau ohonoch – cwpwl deche iawn –
rwyt ti, yn llawn mor raslon â Meiledi
      a heb y cochni lleiaf ar dy foch,
yn derbyn 'i wahoddiad i gwrdd
      ag ef ddydd Satwrn nesaf, biti un,
tu fa's i Godfrey's Tea Rooms ar y Grîn.

A chyda hyn, ma'r cwmwl du'n 'whalu,
      ma'r heulwen yn dychwelyd megis cynt
i wenu'n hyfryd ar y dorf ddihitans,
      a'r g'lannod penddu, sborionwyr cras,
i'w sgimren ar ffasâd y *Western Mail;*
      ma' bwa'r drindod yn bendithio'r glas
uwchben yr Hewl, ma'r glaw yn sychu'n lân,
      ac ma'r ddinas ar fin symud yn 'i blân.

MIWSIG

Pan gl'waf o dan y sŷbwe neu tu fa's i ASDA
    Rhw foi gorflewog 'da'i gi ar ddarn o dwein
Yn biligiwganu ar 'i declyn trytan, rw'i'n itha bolon
       Twlu fy hatling i'w ffiol – nid yn unig
    Am 'mod i'n edmycu hyfrdra'r brawd
Sy'n cawlo ar 'i 'fferyn anStradifaraidd,

(Er, bid siŵr, dyma fodd i leddfu rhywfaint
    Ar 'r hyn sy'n weddill o gydwypod ryddfrytig),
Ond yn hytrach am 'i fod yn dwyn ar gof Nhat-cu,
    Ar b'nawn o haf, yn ishte ar 'i ffwrwm
    Wrth y drws ffrynt ac yn llenwi'r restar
'Da 'Swanee' a 'Dixie' ar 'i whisl cinog.

Odi, ma'r diwn wedi newid ond nid y miwsig,
    Ac ni chwplith hynny byth. Yn ôl hen air,
Y canu sy'n bwysig, heb ddishcwl na chlod na gwobr,
       Ond er 'mod i'n parchu'r hocetwr ewn
    Yn slei bach, gan ddymuno traw perffaith iddo,
Ma'n well 'da fi hito whistlad Dat-cu,

Y noda ffansi'n byrlymu fesul joch o seidir
    Rhint pob cân. Wna'th neb sieto botwm corn
Ar 'i gyfyl, na hyt 'n o'd glapo'r henwr shirobin
       Am 'i alawon di-wall, a dim ond fi,
    Yn 'y ngwynfyd, o'dd yn grondo,
Am wn i, ar y whislwr whimfys, dall.

Y GŴR GWYRDD

Ar dd'wetydd o haf, a'r tarmac tawdd
    Yn t'wynnu ar hyd y ripin hir, a'r mama,
Yn 'u pinaffora fflowrog, yn gatel y dishcla
    Ac yn ishte 'da'r gwrywod ar y stepen drws
I anatlu'r awelan, wedi d'warnod arall o waith,
    Braf o'dd gweld, fyl rhithlun s'mutliw
Yn niffeithwch d'wydiannol y Cwm,
    Mr Green, dyn ffowndri ac enillydd gwobra,
Yn cerad lan o'i lotment ar bwys y partin
    Yn slo fach, yn slo fach, gan hwpo
'l wilbar greclyd wedi'i llwytho 'da llysha
    A ffrwytha tymhorol a blota o bob math,
Yn gwmws fyl y Gŵr Gwyrdd, reit 'i wala,
    Ar 'r almanac yng nghecin Bopa Bet:
'l drwyn yn garotsen, 'i glustia'n ddwy gabetsien,
    'l focha'n fetys coch, a'i liced yn winwns;
Ac wrth i Mr Green wimlid lan o'i werddon,
    Yn slo fach, yn slo fach, wedi'i garlantu
'Da shipwns, cidnabêns a letis, jinifflŵars
    A blota Mihangel, rymáir a shifis ac afans,
Bydde'r houl yn mynd i lawr 'r ochor draw
    I'r Tyla ac yn mentig, am desan bæch,
Fath ar wedd gyfareddol i'w wmed crych
    Fyl yn llunia storiaes y Brotyr Grimm
Ceso'i gan Mam-gu am fod yn fachan fforddus;
    Ac fyl 'na da'th y Cwnsherwr i'n plith,
Gan drawsnewid rhigola bowyd yn siort ni'n our
    Trwy arfer bripsyn o'i hud cyntefig
I atgoffa plant y mwg, y lluwch a'r llaca
    Bod 'r hen, hen ddaear, er gwitha popeth
Ro'n ni wedi'i wneud i'w gwyrddni brau,
    Yn haelionus o ffrwythlon wedi'r cyfan.

LLADIN

'Bron heb eithriad, mae pob llanc o'r dosbarth gweithiol sy'n cael addysg uwchradd trwy ysgoloriaeth yn anesmwytho am ei amgylchfyd yn ystod ei lasoed. Mae e'n teimlo'r brathiad rhwng dau ddiwylliant; prawf ei wir addysg yw ei allu, erbyn cyrraedd ei bump ar hugain, i edrych ym myw llygad ei dad wrth wenu arno fe.'

Richard Hoggart, The Uses of Literacy (1957)

'Fory,' medd Mam-gu, ar ben 'i digon,
    'Ti'n mynd i wilia Latin!'
                  Wrth ddishcwl
Lan o'm llyfr wy'i'n gweld 'y mlaser coch
    Yn reiol ar 'i gambren yn y pasej cul
Fyl maelwisg un sy'n cychwyn am y gad;
    Tu fiwn i'm cap ac ar 'y 'screpan ledr
Ma' f'enw i yn cripad fyl tra'd brain
    Miwn inc annileadwy – jyst rhac ofon;
Yn y scyleri ma' Mam yn stilo
    Fy nau grys gwyn sy newydd ddod o'r olch
A Nhad-cu'n grondo wrth y tân glo byw
    Ar y *Welsh Home Service*.
                      Ma's yn yr hewl,
Ma' 'na siew o lancia anuwchraddol
    Wrthi'n 'whara bompars o dan y lamp;
Trên yn jerian i lawr y lein; lori
    Cols yn newid gêr ar dyla'r Coeca;
Rhyw foi yn canu fyl Cariwso sliw;
    Ceffyla Seth yn gwrad yn 'u ca'
A'r houl yn ffaglo'r rhedyn ar y Twmp;
    Mr Rees yr Hendre yn 'i slopty
Yn galw cwb-cwb-cwb ar 'i bìwtis
    Sy'n fflachio ac yn triclo dros y Cwm;
A Mrs La-di-da yn scipo'r lluwch
    O'i phafin, am y cant a milfed tro:
Ma' diwylliant yr hewl fyl sbŵl o ffilm
    Sy'n ca'l 'i windo'n araf yn 'y mhen
Y tricen mlynedd hyn.

Ond gwitha'r modd,
Y llun sy'n cwnnu'n amlaf yn 'y nghof
O'r diwetydd cyn-Ladinaidd hwnnw
Yw Nhad yn biti mynd am dyrn nos arall
Gan arllws te di-la'th i'w dwndish tun,
Heb air wrtho'i, y crwt dan deimlad,
Ac yna'n mo'yn 'r hen sgrag o'i feic o'r sied
Cyn brachga trwy Gilhoul shag at Glan-bad.
Tranno'th, yr unig scolar yn yr hewl,
Pan gerddas i yn 'nafus at y bws
Ro'dd Nhad yn cysgu'n gordyn yn y rŵm.

Pa iws fy Lladin wetyn? Un o gryts
Hoggart, a megis Catwlws, yn ca'l
Fy rhathu'n shwts rhint *odi et amo*,
Bu rhaid i'r glaslanc gyrredd oetran gŵr
Cyn ca'l y gora ar f'anesmwythder
A dishcwl eto ym myw llygad Nhad
Wrth wenu arno fe.
Ac erbyn hyn,
Yn byw miwn byd cyfforddus o lythrennog
Pob tro wy'n scapo wep lwydwelw Nhad
Yn gwneud strymanta yn 'y nglàs boreol,
Diolchaf iddo – prawf 'y ngwir addysg –
Am 'whysu dros 'i lyfrbryf o grwt;
Ond, sach 'ny, a dyma'r cafeat,
Caf f'atgoffa, *ab uno disce omnes*,
Bod ca'l 'u diwyllio'n brofiad llym
I feibon y dosbarth gweithiol,
Ac, ys dywed 'r Hoggart dyfynadwy,
Y nesa peth, a bron heb eithriad,
At fath arbennig o ddieithrio.

odi et amo: casineb a chariad
ab uno disce omnes: o un enghraifft dysgu am bob un

AMSER CEIRIOS

'J'aimerai toujours le temps des cérises
et le souvenir que je garde au cœur'
Jean-Baptiste Clément, amser y Commune, 1871

Ro'dd yr hewl hon ym Mharis   dinas lleufer a 'whyldro
   am 'ny wi'n weddol siŵr   yn y *5ième* ma'n depyg
rywle rhint y Sorbonne a'r afon   'n ôl yn map 'ta beth

Ro'dd 'na *boulangerie* ar y cornel   neu *boucherie*
   a *floriste*   os nad *tabac*   lle prynais rosyn iti
enw'r gwesty   o bosib   o'dd *Hôtel des Communards*

Ro'dd y gair *Chambres* yn winco miwn goleuada coch
   talson saith franc am yn gwely   deg ar y mwya
a brecwast o *croissants*   ynteu *brioches*   a choffi mâl

Ro'dd y stiwdants wrthi'n taranto 'to draw sha'r Boul' Mich'
   a chenais *'Le temps des cérises'*   'na ti gân atgofus
miwn llaish mor Gitaneg ag un Yves Montand   mwy neu lai

Ro'dd dishgled o orenna gwa'd ar y ford   syfis falla
   a chaead   pren y ffenest yn crynu trw'r nos ddi-wynt
a'th baish siriangoch ar y gatar yn dala'r cyfddydd

Ro'dd cerddi un ai Éluard   neu Aragon   ar radio Madame
   maddau imi am fod yn anwadal ambothtu'r manylion hyn
Sous le pont Mirabeau coule la Seine et nos amours

Ro'dd dy fronna   fyl gellyg aeddfed o Brofens
   a'r gwythienna llwydlas   mor gain â phorslen Sèvres
addewais 'u rhoi miwn cerdd   rhyw ddydd

O wi'n siŵr am 'ny   cred ti fi   'sdim dou obeiti fa
   sy'n od   na sy'n drist   na sy'n blydi bechingalw
a derbyn bod dy bryd a gwedd wedi pylu o'm cof

J'aimerai toujours...: 'Byddaf yn caru am byth amser y ceirios a'r cof a
gadwaf yn fy nghalon'

Yves Montand: actor a chanwr

Sous le pont...: 'Mae Seine a'n carwriaethau'n llifo dan y pont Mirabeau' –
llinell enwog o gerdd gan Apollinaire

YN Y GWAED

CYMYNRODD

Ma'r clefyd melys arno' i, a gwn
    yn iawn gan bwy yr etifeddais ef:
bu Nhad yn gaeth i joch o insiwlin
    ar hyd 'i oes. Yn wir, fe hidlai'r mêl
drwy rydwelïa ein gwaedoliaeth lesg
    ar draws y cenedlaetha, dybiwn i,
yn rhodd angheuol.
              Dyna pam, heb os,
    a'r siwgwr yn 'y ngwa'd yn uchel iawn
a'm cyflwr yn gwaethygu'n ara deg,
    'y mod i'n meddwl am 'y Nhad bob tro
y rhof y nodwydd hypodermig, lem
    o dan 'y nghro'n ddwywaith y dydd, a gweld
y smotyn coch yn crynu ar fy mys
    fyl chwilen fach.
              Mae hynny'n pigo 'nghof
ag awch mwy miniog na nemor dim
    am ŵr dywedwst a'i ddyhead taer
am dylwth, tras a genedigaeth fraint
    a guddiai'n gyfan gwbl rhog y byd
ar gyfri'r gwarth o fod yn blentyn perth,
    cyswynfab cêl i ferch benfelen, clawd
a o'dd yn fam ac eto nid yn Fam,
    heblaw 'i bod hi wedi rhoi i Nhad
gymynrodd felys-chwerw yn y gwa'd.

MAWN

Ar fannau gwastad
    Rhos-y-pyllau-duon,
y tu hwnt i Lanfair,
    maen nhw'n lladd mawn
a'i losgi hyd heddiw
    er bod olew a thrydan
yn eu tyddynnod isel,
    lle maent yn cwalo
ar hirnosau'r gaeaf
    o flaen duwiau'r aelwyd.
Gwynt traed y meirw
    sy'n wbain yn feunosol
yn y simneiau mawr,
    gan fferru'r gwaed.

Hawdd cefnu, efallai,
    ar foes ac arfer dy dylwyth,
trwy anwybyddu'n llwyr
    y siafftiau sy'n mynd
i lawr drwy haenau cywasg
    y mawndiroedd hynafol
i'w hisymwybod cnotiog,
    yr un gwehelyth yn ddi-dor
ers amser Hyfaidd.

Dyma nasiwn rithiol,
    yr enwau tywyll
yng nghofrestri'r plwyf,
    a'u gwir ddelwedd yw'r dŵr
chwerw, cochddu, gludiog
    sy'n hidlo megis gwaedlif
ar hyd y ffosydd hallt.

Etifedd eu cluniau hir
    wyf i, a'u pryd golau,
a'u meddylfryd ffel.

Prin yw'r creiriau
    y mae'r pyllau'n eu hildio –
heblaw esgyrn llwydaidd,
    offrymau'r llwyth.

Wrth droi un yn fy llaw
    a'i glywed yn llefaru,
fe wn, o hir ddiwedd,
    bod 'na ddogn o fawn
yn fy ngwaed innau.

Hyfaidd: sylfaenydd Maesyfed, yn ôl y chwedl

GLAW

Yn fuan wedyn, fe a'th y certmon
    ar 'i boni brith i'r stesion yn y Gelli,
a 'listio 'da'r gatrawd yn ninas Herefford.

Ma' fe rywle'n Ffrans erbyn hyn.

Nid dyn drwg mohono, dim ond llo cors
    yn canlyn merch am y tro cynta irio'd,
a finne'n hai diofal, rhaid cyfadde.

Fel y clywes unwaith yn neuadd y Llan,
    ma'r llwon cryfa'n wellt i'r tân sy yn y gwa'd.
Wel, hawdd ca'l dy ddifa gen y fflame.

Llety da sy 'da fi yma, lloches wir.
    Ma' Meiledi wedi bod yn biwr iawn wrtho'i
yn fy stryffîg. Hen ddigon o orchwylon sydd,
    ond ma' hi'n gadel imi gadw arian yr wye,
a dyma'r Mishtir yn dodi can sofran aur
    mewn cwdyn melfed i fynd 'da'r baban.

Ma'r glaw sy'n pitran ar y ffenestri hirion
    yn bwrw'n shefe ar lechwedde'r Rhos,
ar 'y mrawd dihidans, anfaddeugar
    ac ar fedd 'yn rhieni yng nghladdfa'r Llan.

Ma'r sŵn yn galw i'm cof y gofer mawnog
    lle golches y smotie gwa'd o'm sane gwlân
y d'wetydd hwnnw.
             Heno, ma'r còg
    yn cysgu'n gordyn fel oen Melangell yn 'i wâl
am y tro olaf un.
        Fe gaiff 'i dwco cyn Dygwyl Fair
    ac ma' ciw-pi o wallt melyn 'dag e ishws.

Rhyfedd shwt ma' pryd a gwedd y teulu
    yn mynd 'mla'n ac ymla'n dros y cenedlaethe,
fel y ffrwd sy'n llifo heibo Cefn-wylfre.

Yfory, daw pobol ddiarth o'r Sowth
i'w gasglu fel bwndel o gig a gwa'd,
a bydda'i'n torri f'enw ar bishyn o bapur
i'w gwato rhwng clorie'u Beibil Mowr.

'Na fydde ore, siŵr o fod.

'Ma'r llwon cryfaf ...' Rhaid ei bod hi wedi gweld cynhyrchiad o *The Tempest*:
'The strongest oaths are straw / To th' fire in th' blood.'

CERDDINEN

Do, fe es i Gefn-wylfre unwaith.

Roedd yr olygfa'n wych, wrth gwrs,
  hyd yn oed mewn tywydd garw,
y cymylau'n gwarchae ar Fforest Clud
  a'r Bannau'n ymerodrol o borffor.

Siomedig, er hyn oll, y trawstiau derw
  wedi mynd yn swabart dros yr aelwyd
fel porthmyn meddw, a'r bwtri'n gybolfa
  o deiars, weiar bigog a thail gwartheg.

Ar y cwrt, dim ond migwyn a'r ysgall
  sy'n rhemp yn y parthau hyn, yr helm
wedi mynd â'i phen iddi, y ffwng yn drewi
  a'r ffeg yn ymestyn hyd y ffridd.

'Rhaid wrth fawnen yn y gwa'd,' meddai henwr,
  'i weitho tyddyn fel hwn'co man'co.'

Llecyn anghyfannedd, felly, a chyn bo hir
  bydd y gwynt a'r glaw a'r rhedyn traflyncus
wedi'i ddileu o'r map a chof pobol y Rhos.

Dyna pam bu'n rhaid, cyn dychwelyd i'r car
  a'r ganrif newydd, oedi rhwng y waliau mall,
tresmaswr ar f'echdoe corslyd fy hun.

Oherwydd hon oedd gwâl y ferch benfelen
  yn ei gofid, a chyn i'w phoenau ei llethu.

Hi, yn ôl a glywais, a blannodd
  y gerddinen sy'n siffrwd wrth y ffrwd –
i gadw'r Gŵr Drwg draw.

Erbyn hyn, mae ei gwreiddiau
  yn colli gafael ar y dorlan grawnog,
ond mae gan ei haeron gwaetgoch
  sglein fel stigmata o hyd.

FFOSYDD

Stand down!

Y gynne mowr yn tewi gyda'r nos,
    ac yn y saib yr adar mân yn trydar 'to.

Cyfle i swmera, er gwitha'r nwy a'r oerfel
    a'r llygod Ffrengig, ac i erfyn bandeisie glân.

Pob cam o'r lein i Weipers man'co
    ma'r ffosydd wedi troi'n gafne gwa'd,
a'r llaid diwaelod yn nhir neb
    sy'n llyncu dynon a'u certweinie
yn dwyn i'm cof y mignenni mawn
    ar hyd a lled y corsydd ar lefele'r Rhos
lle cerddwn ni'r d'wetydd hwnnw,
    ac ma'r atgof yn crawni fel 'y nghlwyfe . . .

Paid dig'lonni, medde Mam.

Yn llygad 'y meddwl, ma'r gerddinen fach
    sy'n harddu'r geulan o fla'n Cefn-wylfre
yn cwrtsio'n bert i wynt 'r hen Bengwern,
    ond ma'r ferch bryd gole wedi ffoi
'da'i baban, gwa'd o'm gwa'd, mab y mawndir,
    at la-di-das y Plas, a'r garden bost
yn gweud fod y swclyn yn gas cadw da
    a mwng o wallt melyn arno fe . . .

Yfory, os daw yfory –

Stand to!

BASTARD

Pwy ots, wedi'r cyfan, pam becso
    bo' ti'n blentyn gola leuad?

'Shcwl, ma' galw bastard arnot ti
    yn eitha rwdd i'w odde,
y gair wedi 'en golli'i frath.

Dicyn mwy clwfol, gwetwn i,
    yw gwpod bo' dy fam
wedi ca'l gwarad o'i ch'widdyl,
    fyl un sy'n gwascu
rhwtad o wa'd o'i dillad parch.

Wela i ddim bai ar y grotan, cofia.

Dim ond 'whant plentyn
    sy arno' i, am y fam a gollais,
a do's dim byd rownd y patsys 'yn
    i stansio'r anaf 'wnnw.

Wnes i drial fod yn folon
    ar 'tifeddu dim o'i heiddo 'i
ond llon' pen o wallt melyn
    a melltith y dant melys, sbo.

Do, etho'i 'wilo am 'y nhylwth
    ar hyd llwybra deiliog yr afa'l dda
rint Aberedw a Rhydspens,
    yn y gopath gwan o weld rwun
'da'r un gwmad â fi, fyl 'sa 'ny'n
    brawf fod perthyn yn y gwa'd.

Des i o 'yd idd'u bedda sha'r Llan.

O, gwn bo' fi'n walu waldod
    a gwa'd yw gwa'd, a dyna i gyd.

Ta beth, bob tro ma'r crwt
    yn lapan bythtu pwy a ble a pham
wi'n ffili ca'l y giria ma's.
    Ma' fa fyl 'sa bla'n 'y nhafod
wedi'i daco wrth 'y moch.

ATAL DWEUD

Un poenus o dafotglwm oedd fy nhad
    ar hyd ei oes hiraethlon, flin. Bu hyn
yn fwrn go drwm, a thipyn o ryddhad
    oedd bwrw ei flynyddoedd olaf, prin
heb orfod dweud dim byd. Ni soniai am
    ei dylwyth o ran gwaed, na'i ofid, chwaith;
taw piau hi, mae'n debyg, pan fo'ch mam
    yn rhoi ei baban i rieni maeth.

Ond cofiaf fyth, a'i fywyd bron ar ben,
    yr hylif gwaedrudd yn y tiwbiau hir
a'r crwt amddifad y tu ôl i'r llen
    yn llefain am ei fam, a'i eiriau clir
mor huawdl o boenus, ac yn ei lef
dim ond 'ca-cariad' yn drech nag ef.

GWIREBAU

'Le sang est un liquide compliqué'
Guillevic

Brifardd, gymrawd, nid wyf yn cytuno:
    hylif anhygoel o syml yw gwaed;
mae i'w weld ar frest yr eneth ifanc
    yn ystod traserch y weithred gnawdol
    fel prawf ei bod ym mlodau'i dyddiau.

At hynny, digon hawdd yw tynnu gwaed,
    dim ond twll bach sydd ei angen: mae hyn
cyn wired am y stwff sy'n dod o'm boch
    bob tro rwy'n palfalu gyda raser
    ag y mae am y gwaedbris yn Helmand.

Gwireb fach arall, M'sieur: nid yw gwaed
    y fam sydd wedi dwyn plentyn i'r byd
i'w gymharu â gwaedlif henwr llesg;
    mae cochni'r naill a'r llall yn annhebyg
    ac yn llefain mewn cywair gwahanol.

Maître, dyma fi'n newid fy meddwl:
hylif hynod o gymhleth yw gwaed.

'Le sang est un liquide compliqué': hylif cymhleth yw gwaed: dyfyniad
o gerdd gan Eugène Guillevic, bardd Ffrengig o dras Lydewig; cawson
ni sgwrs am y llinell hon tra'n mynychu cynhadledd yn y Ffindir;
ysgrifennwyd y gerdd yn ei ddull ef.

TOM MOSCO

'Ma' 'na lot weti newid ffor' 'yn,' wetodd
    Tom Mosco, yr hen foi sy'n cropo 'ngwallt
Bob tro rw'i'n mynd draw i weld y tylwth
    Yn y Tyla-bach. Dim ond 'r hen standers
Sy'n metru'r dafotiaith bellach, ti'n diall,
    Ond ma' amall un yn troi lan yn y siop
Ar fora houlog, ac ma'r glonc yn ddifyr;
    Rw'i'n lico clŵed 'u hacen bert, t'wel,
A wilia dicyn bæch o Gwmrêg y Blaena,
    Os daw y geiria'n ôl i sgimren 'y nghof
Fyl colomennod ar draws y blynydda –
    Wel, 'sdim lot o alw ar gampws, o's e?

Ta beth, hen Gomi rhonc yw Tom, ac un
    O'r picetwyr stansha' adeg y Streic, 'ed.
'O? Gwetwch chi,' wetais i, wrth swato
    Yn y gatar shicil, a'r shiten waetgoch
Dros 'y ngwar fyl torch ar benddelw Lenin;
    Dishcwl swae am ryw drychineb arall
Rown i, neu'r raliganto diweddara
    Gan fwmbeilis y drefen gyfalafol –
Caead cyrtre'r heno'd neu'r clinig drỳgs,
    Y post, y neuadd bingo, neu hyt 'n o'd
Y siop ych-a-fideos ar bwys y Cwop.

Ond na, nace hynna o'dd yn becso Tom,
    Ac yn lle rhoi llond pen o ddeialecteg
Am y rhyfel dosbarth yn y partha hyn
    Fyl prawf di-næg fod y whyldro yn nesáu,
Dyma'r hen Bolshi'n gweud yn ddistaw bæch:
    'Ma' Greta weti mynd i'r Llethar Ddu.'
Ro'dd 'i law raser yn crynu'n ddansherus
    A gwelais 'i liced prepsog yn y glàs.

Wetais i ddim gair, er 'y mawr gwiddil,
   A'r shiffad nesa rown i'n 'i gwanu hi
O'r siop a'r Tyla-bach a'r Cwm, gan scapo
   Bod y cap ar y Rhicos y bora hwnnw
Yn gra'n o law – os nad w'i'n camgymryd.

Llethar Ddu: mynwent fawr yn Nhrealaw, Rhondda

CÂN YR HENWR

tôn: *'Galway Bay'*

Ar 'yd y Cwm ma' dinon yn pyscota
    Am drowtyns ac am samwns, meddan n'w,
Ac ar y wein tan ddaprad Cefen Gwyncul
    Ma'r cwtyn bæch yn catw randibŵ.

Ma'r awyr reit 'i wala'n yfflin cliriach
    A'r lluwch ar wynt Seng'enydd sopyn llai,
Ma'r cutan coch yn cwiro ar y Tyla
    A'r betw ar y Bwllfa yn ddi-fai.

Ma'r catno'n prowlan 'ewlydd Llwynypia
    Mor go'th ma' fæ'n anifel anwes, bron,
Ac mwy rwfeddol byth ma'r bilidowcars
    Yn clwto ar y peilons ger y Ton.

Ma' twr o gryts yn moifad sha Bodringallt
    Man collas i 'y mrotyr Gwyn a Frank,
Ma' crambos yn gwil'ersa ar y Domen
    Fal na wnes i ario'd pan o'n i'n llanc.

Ma'r Cwmydd 'yn, gyfeillon, yn ail-lasu
    Yn gwmws fal y buon slawar dydd,
O'r Gelli, Penyrenclyn a Bla'nllecha
    I lawr sha Porth 'yd patshys Pontypridd.

Ma' 'yt yn o'd yr iaith Gwmrêg yn citsho
    Fal dant y llew sy'n lluchio'i 'æd,
Ma' pwff o wynt gwladgarol weti cwnnu
    Rog gwiddil a difrawder a sar'æd.

Ma'r R'ondda, wetwn i, o blaid yr 'eniaith
    Ar w'æn i amall ddeinosor di-daw,
Ma'n 'elp i'r wilgryts siffro'r fro a'i phopol
    A'r 'anas sy o'u cwmpas ar bob llaw.

O Ynys-'ir 'yd Pont-y-gwaith a'r Mærdy
    Ma' fæ fal 'ta 'na newid yn yr 'in,
A r'wpath sionc sy'n twmlo ishta'r gwanwn
    Yn arial, cretwch fi, i galon dyn.

Ma' siew o'r tipia wast yn ca'l 'u scipo
    A gita n'w y dyddia blin a fu,
Gan atel talp o ddwst a chritha dwfwn
    Ar scyfant Gwŷr y Gloran ishta fi.

Ond dyma fora ffein a dyco'r Cwmydd
    Mor lasad ag y buon os tro byd,
Yn dyrnged acha wewc i'r Iron Lêdi
    Wna'th gaead lawr y gwitha bron i gyd.

gwynt Senghenydd: gwynt y dwyrain
Gwŷr y Gloran: trigolion y Rhondda cyn darganfod glo

JEANIE REES

Menyw biwr ddigynnig yw Jeanie Rees
    Sy wedi c'el 'i siâr o hapsi'r byd:
Y cryts miwn trwpwl prysur 'da'r polîs
    A'i phartner pwtwr ar y clwt o hyd.
Didoreth yw'r gair ffeinda 'bothdu hi
    A'r aelwd yn annipan yn ddiau;
Lled graplyd fu 'i thynged, tybiais i,
    Heb fawr o gyfla, sbo, i ymryddhau.
Ond dda'th rhw newid sytan dros yn Jean
    A cha's hi jengid rhog 'i bowyd llwm
Gan benderfynu mynd, yn stiwdant hŷn,
    I ddosbarth nos yr Iwni lawr y Cwm.
Dros hawlia menwod ma' hi'n wmladd nawr
A dyma, mynta Jean, 'i Chyfla Mawr.

Y GAIR OLAF

er cof am B. S. Johnson, 1933–73

yn ara deg   bob yn bwt
ma' corff rhwun yn newid

gynna fach   blewyn neu ddau
neithiwr   mymryn o gro'n sych
gewin fora heddi   fory dant efalla
ac o dro i dro   enw cymytog
neu deitl llyfr   neu hyd yn o'd
y modd dibynnol o *avoir* ac *être*
yn yr amser gorffennol
sy'n mynd yn angof

affêsia dysnomig
O am eiria hyfryd

yn ara deg   bob yn bwt
ma' corff rhwun yn madru
fyl cwdyn llawn o ffrwcs
yng nghefn y garej

bob yn bwt
ma' rhwun yn newid

bob yn bwt
ma' rhwun yn marw

heblaw dy fod yn barod
fyl 'y nghyfaill Bryan
llenor o'r iawn ryw

heblaw dy fod yn barod
i gloi drws ar geinder y byd
a gorwedd miwn bath twym

heblaw dy fod yn barod
i lyncu hanner potel o wisgi
a llond dwrn o asbrin

heblaw dy fod yn barod
miwn difri calon   yn ddi-droi'n-ôl
i roi raser hir wrth dy arddyrna

heblaw dy fod yn barod
i sgrifennu ar y pared
yn dy wa'd dy hunan

dyma 'y ngair olaf

MAM

Hæf bæch Mihangel unwaith yn rhagor,
    Ac ym mhen draw'r ardd y prynhawn yma
Bloda ola'r sant sy'n catw'r Ŵyl fel arfer
    Ym mrath yr awel. Ma'n macsu am storom
A'r dail yn fishi crino'n athrist-bert
    Wrth i'r tywydd ffrit nesáu.
        Pe bai'n fyw,
Bydda hi'n gant o'd y mish Medi hwn,
    Hen ledi ddotlyd yn 'i hat tŷ-cwrdd
A'i bag llaw yn llawn o drugaredda,
    Ac enwa'i gor-wyrion yn gawlach yn 'i chof.

Fel y mae hi, wi'n hynod falch fod Mam
    Wedi'i harbed rhog anrheithia henaint mawr;
Menyw hawddgar o'dd hi hyd y diwedd, un ddedwydd a sionc,
    A wna'th bopeth gydag urddas gynhenid
A diddordeb byw yn ffaeledda'i chymdogion
    Heb 'u dishmoli – bu'n ormod o Gristion i hynny;
Ni fydda difrod y blynydda casaf wedi gweddu i'w sirioldeb hi.

Yn ystod y cystudd olaf, a hitha'n diharpo
    Ac wedi'i symud o'i chartref i'r hosbis o'i hanfodd,
Bu'n becso am orfod ca'l help i fynd i'r toiled,
    A chanmol y nyrsys am weitho tyrn nos
Heb whe fæch, a holi'n daer pam o'dd y doctor ffein
    O Bacistan yn ffili gweud 'i henw'n iawn:
Petha dibwys sy'n ymddangos yn enbyd i glæf.

A phan dda'th yr awr, a'r byd y tu hwnt i'r ward
    Yn adlefain â marwolaetha eraill,
A'r morffin ddim yn lleddfu'r po'n mwyach,
    Rown i yno wrth erchwyn 'i gwely,
Yn dala'i llaw ac yn clustfeinio'n astud
    Am y newid lleiaf yn 'i hanal aflonydd;
Yna, ymhen yr hir a'r hwyr, marce tri'n y bora,
    Mynta hi'n dawel bæch, 'O, Iesu, cymer fi!'

Gan ishta'n gefnsyth a gwasgu fy llaw
    Cyn cwmpo'n ôl fyl doli glwt, a mynd
Ar hyd y feidir dywyll i ble bynnag yr â'r pur o galon.

Dyma'r unig dro imi weld rhwun yn marw.

A'r hyn a gofiaf yn anad dim o'r noswyl honno
    Yw'r gwythienna ar 'i dilo hendraul,
Mor fain â rhycha dail blodyn Mihangel
    Ar wynder dilychwin y shîts.

Ac wrth imi ddala un ar bant fy llaw
    Y prynhawn yma, gan ryfeddu at 'i gwead cain,
Bûm drachefen yn grwtyn diwàrdd
    Ar goll am sbelan ym marced Pontypridd
Rhyw fora Satwrn glawog 'slawer dydd,
    A'r lle'n fwstwr o wyneba a lleishia dieirth,
    A'r ofan 'i fod yn dominô arno' i yn 'y strywo i
    Nes twmlo dilo Mam yn citsho'n dynn ynof
A'm codi fi'n ddiogel yn 'i chôl.

Cystal gweud yn y fan hyn nad wyf yn cretu
    Miwn bowyd tragwyddol, nac miwn 'sbrydion
Sy'n dod yn ôl i'n trwblu ni ar dir y byw,
    A 'dwi ario'd wedi profi'r goruwchnaturiol;
Ond y prynhawn yma, tra'n potsian ym mhen draw'r ardd
    A'm meddwl ar geinder byrhoedlog hyn o fyd,
Fe synhwyrais, yn ddiymwad, bresenoldeb siriol fy mam
    Â'i breichia'n estyn amdanaf o bâm o ffarwél haf,
A gwelais y gwythienna'n glir ar 'i dilo.

GWYDDEL

Yeats, wrth gwrs, piau'r llinell arswydus yna
Am y dicter a'r baw a geir yng ngwythienna dynol-ryw;
Wel, mae beirdd mawr i fod i wypod am y petha hyn,
Ac erbyn iddo gwnnu hwylia am 'i Fysantiwm
Ro'dd yn lled gyfarwydd ag Ellyllesa'r Ynys Werdd
Ac wedi ca'l 'i gwrso gan 'u bytheied ffiaidd a brwnt.

Ond y Gwyddel rw'i am sôn ambothtu nawr
Yw Declan, llanc gyda'r mwynaf a'r glanaf o'i lwyth,
Golygus dros ben ac yn berchen ar laish mor swynol
Pan ganai faledi gorfelys 'i wlad i bleso'r tancwyr
Yn stafell gefen y Fylcan ar noson Gêm Fawr,
Bydde'r lle dan 'i sang ac ynte 'nghenol y topyn.

Ni fu neb purach na mwy digynnwrf o dan y sêr.
Serch 'ny, trodd 'i gywair yn ffyrnicach o lawer
Wrth ddatgan areithia tanbaid Pearse a Connolly,
A'i laish mwy croch, a'r siapsa ar 'i wep hir, welw
Mor llym â'r rhithia sy'n aflonyddu iard Kilmainham;
Ma' angen cariaton ar Cathleen ni Houlihan o hyd.

Dychmygwch, felly, ein gofid wrth glŵed pa ddydd
Fod y Gardai wedi dod o hyd i gorff ein cyfaill, y canwr,
Yr areithiwr, y gwladgarwr, y boi mor hardd â Sandde,
Mewn seler jyncis yn un o hewlydd cefen Dulyn,
A bod 'i wythienna, 'whedl y crwner wrth annerch y llys
A dewis 'i eiriau'n ofalus, yn llawn dicter a baw.

Pearse a Connolly: dau o arweinwyr Gwrthryfel y Pasg 1916 a saethwyd yng ngharchar Kilmainham
Sandde: Sandde Bryd Angel yn chwedl Culhwch ac Olwen, lle y dywedir na thrywanodd neb mohono ym mrwydr Camlan oherwydd ei fod mor hardd

BRAWD

Fuon ni erio'd yn agos, 'y mrawd
    A finna. Bu'r blynydda rhinton ni
Yn ddigon i sicrhau ein bod ni'n prifio ar wahân
    Ym mhob peth sy'n troi plentyn yn ddyn:
Ffrindia, diddordeba, addysg, dull o fyw;
    Tra own i'n whilibawan am fod yn fardd
Yn llyfrgell y dref ar brynhawn Satwrn,
    Ro'dd ynte'n cico ffwtbol ar y Biwt
Neu'n llyswenna gyta bechgyn y Pownd;
    Mêl a menyn, mynta'r cymdogion.

Eto i gyd, o'r un groth y daethon ni,
    Yr un gwa'd yn gwmws sy'n hidlo
Trwy wythienna'r naill a'r llall,
    Ac fe'n magwyd ar yr un aelwd
Gan yr un rhieni cariadus-garcus.

Nid yw'n syndod ein bod ni'n depyg,
    Rhy depyg, falla, i fod ar delera da:
Dou glap wedi'u naddu o'r un sêm,
    Dou sy'n rhannu'r un genynna,
Dou sydd o'r un pryd a gwedd,
    Dou sy'n hawdd 'u tramgwyddo,
Dou sy'n dala hâl megis dŵr miwn bosh,
    Dou sy'n cyfarth fyl cŵn ar gyfreion,
Dou o'r un cnawd – ond yn wahanol.

Erbyn hyn, a ninna'n bwrw 'mla'n,
    Ma'r blynydda rhinton ni
Wedi mynd yn orest o ddieithrwch.

Asgwrn y gynnen? A! Gymru,
    Rwyt ti'n gallu bod yn fam ddidostur
Ar dy blant ffraegar, stwbwrth di.

A finna wedi rhoi 'y mryd ar yr iaith,
    Gan fagu llond tŷ o Gymry bach,
Ac ynta'n mynnu swancan bod yn Sais,
    Trodd y bigitan yn fudandod pigog
Nes colli golwg ar ein gilydd, ond
    Am garden dan orfod adeg y Nadolig.

Ofer fu pob ymgais ar fy rhan
    I gymodi â'm brawd anghymodlon
Trwy drafod y mater yn fonheddig
    Dros ginio rhwla ar y Gorora,
Gan nad o'dd dim yn 'i fodloni;
    Erbyn meddwl, shwt all dyn esbonio
I neb sy'n byw mewn bwthyn to gwellt
    Yn un o bartha cefnog Swydd Warwig,
A 'whara'r gêm o golff 'i unig ddiléit,
    Fy mod i wedi cwmpo dan gyfaredd
Cymru ac am bledio'i hachos hi?

Och, am ymgom rhint y byddar!

A dyna pam, bob tro ma' rhwun
    Yn coethan am Frawdgarwch, a phetha felly,
Rwyf yn meddwl am y brawd a gollais,
    Fy ail hunan, y dieithryn cyfarwydd
Nad wyf yn 'i adnapod mwyach,
    Ond yn y gwa'd sy'n hidlo'n anfaddeuol
Trwy'n gwythienna tywyll ni'n dou.

LIMWNS

'Whech o'r gloch a'r houl yn machlud y tu hwnt i'r ynysoedd lleiaf
   Ac yn y caffis ar hyd y morglawdd, o dan fyrdd o barasola
                                        amryliw,
Ma' twristiaid o Michigan a Yokohama'n cobo 'u danteithion
                                         gydag awch;
   A dyma Mr Parepidemos, marchnatwr ffrwytha sitrws, ar
                                         'i ffordd
I weld Madame Thanatos, gweddw o dras bendefigaidd, yn ôl
                                       pob sôn,
   Yn 'i hystafelloedd moethus ar lawr uchaf yr Hotel Moira.

Ac ar lawr uchaf yr Hotel Moira, yn 'i *peignoir* lliw syfi,
   Fel ffafr arbennig i hen garen o'r amsar cyn yr Argyfwng,
Ma' Madame Thanatos yn caniatáu i Mr Parepidemos tolach
                                       'i bronna
   Sy'n 'i atgoffa, o'i anfodd, braidd, am limwns Ponderosa
Wedi'u gadel i grebachu ar y cei yng gwres yr Ynys –
   Delwedd gyta'r tristaf i farchnatwr carcus, rhaid cyfadde.

Wedyn, yn ystod yr orig fioled ac ym mwg llwydlas 'u *tristesse*,
   Ma'r ddou'n trafod y farchnad a'r clecs diweddara
Sy'n cyrradd yr Ynys ar bob llanw gyta'r papura a'r llycod mawr;
   Ac ma' Madame Thanatos yn twmlo ar biga drain am fyr o dro
Nes iddi acor, gyta'i bysedd bach persawrus, botel o Kourtaki
   Y bu'n 'i chadw at achlysuron 'wherw-melys fyl hwn.

Do's dim rhacor i'w ychwanecu, mynta crwner yr Ynys
   Pan dda'th marwolaeth Mr Parepidemos i sylw'r cwest
                                       ma's o law;
Daethpwd o hyd i'w gorff gan un o forwynion yr Hotel Moira
   Fore tranno'th. Ro'dd e'n ddifreg, heblaw fod dwy limwnsen
Wedi'u doti'n ofalus rhint 'i goesa. Ma'r heddlu'n 'whilio
   Am Madame Thanatos, y jaden, ar hyd yr ynysoedd lleiaf.

HENWR

Rhyfedd shwt ma' rhai pythach bæch
yn aros yn y cof cyhyd, mynta'r henwr.

Soniai byth a beunydd
am arwain dirprwyaeth o'i gyfrinfa
i'r Ddinas Dragwyddol, ac yno gweld,
wrth i'r Dŵtshi blygu am ennyd
i dorri'i enw ar gopi'r glöwr ifanc
o *La Mia Vita*, llyfr a mynd arno,
y dafnau o 'whys yn trochi'i goler dynn
a'r wythïen ddugoch yn plwcan ar 'i war;
bu'n ddigon agos i fyseddu'r 'whydd.

Yna, ac Ewrop rhint y cŵn a'r brain,
ni fedrai ollwng o'i feddwl anniddig
y ddelwedd amrwd, hunllefus
o wythïen y bwli-boi, y clown bygythiol,
y llabwst rhodresgar yn 'i grys du,
y tarw ac Angau rhint 'i gyrn
a drodd ddinasoedd yn rwbel
a gatel 'i gydwladwyr yn 'u carpia
wrth hoci'r fwyall ddeufin.

A'r mwstwr ar y Piazzale Loreto
wedyn, a'r partisaniaid wedi dala'u dyn,
soniai byth a hefyd
am shwt y crogwyd ef a Clara
oddi ar drawstia gorsaf betrol gerllaw,
â'u penna' i lawr, fyl celanedd bleiddiaid,
a shwt ro'dd y rhai a boerai ar y cyrff
wedi ymatal am ennyd
cyn doti bys tringar ar 'i war.

Rhyfedd shwt ma' rhai pythach bæch
yn aros yn y cof cyhyd, mynta'r henwr.

HI, DAF!

Dyma fi wedi glanio'n saff.
Perl o ynys yw Eftichios.
Twym iawn yma, fel cegin
'Gu ar ddiwrnod ffwrna.
Awyr yn ystrydebol o las
a'r môr, ie, fel gwin tywyll.
Gwesty grêt. Pobol fflonsh.
Dim papura, dim teledu
i sôn am ffradach y wlad.
Henebion rif y gwlith,
melina gwynt, perllanna sitrws,
tai'n gwmws fel ciwbia siwgir.
Sori am fynd ar gil yn ddinotis,
angen whe fach i hel meddylia.
Paid becso 'boiti'r hen Gader –
blwyddyn nesa, siŵr o fod.
Cymer gâr, gw'boi. Leri x

ANNWYL JÊN

Ddes i yma bora echdo,
ar y plên o'r Rhws i Irákleion
a fferi draw i'r Ynys wedyn.
Awyr lliw potel Tŷ Nant.
Yma am fis, neu am byth!
Wedi gadel 'y ngofidia gytre,
'da lwc. Gwesty bach deche,
yr Eleftheria – 'sdim rhaid
imi gyfieithu i swot fel titha!
Un seren ond digon posh
i Meiledi yn 'i mŵd presennol.
Dyma'r olygfa dros yr harbwr
sha'r eglwys – Grîc Orthodonti!
Ond pam wedai'r hen Homer
bod y weilgi 'mor dywyll â gwin'
(os cofiaf ein darlithia'n iawn)
'sdim amcan 'da fi – rhaid fod
y Groegiaid gynt yn lliwddall!
Wel, cofion crasbo'th at bawb,
heb anghofio Rhodri – ti'n lwcus
dros ben i fachu shwd hync.
Diolch am y parti pentymor.
Hwyl fawr! *Yassŵ!* Leri

Eleftheria: rhyddid
Yassŵ!: hwyl fawr!

COLSYN

Dyma'r tro cyntaf imi gatw dyddiadur –
cyfle i weud y gwir heb os nac oni bai.
Shigowtan ar y tra'th. Dechra dala'r houl.
Rhyfedd cofio fod y Cymry'n cerdded
rownd a rownd y Maes y prynhawn 'ma
tra bo' Meiledi ar 'i hyd yn 'i bicini
a'i hat wellt. Wi wedi blino'n siwps
ar yr hen, hen rigola. Rhaid ca'l hoe!
Meddwl am Rhodri'n ddi-baid – a Daf.
Mêl a menyn, y cyfryngi a'r bardd,
y cleciwr a'r dyn camera, a dyma fi
yn delffo am y ddou fel crotan ysgol.
Odi Jên yn ame, gwêd? Fy ffrind gora!
Un cusan ar stepen y drws wedi'r parti
pentymor, 'na'r cyfan. Ond O, ma'r blas
yn felys dost ar 'y ngwefusa o hyd!
Rhag y colsyn sy'n llosgi'm cydwypod
do's dim eli i'w ga'l. Tân ar 'y nghro'n.

'WHEDLEUA

Helô, Jên, *ti kaneis?* Wedi bod yn cerddetan rownd yr Ynys.
Dyddia glas y dorlan! Cyfle i ddwbwldapo (stwna i chi'r Gogs).
Sori am y sgrifen tra'd brain, wedi dod heb yr ei-ffôn, t'wel.
Wi'n dysgu bach o'r dafotiaith leol gan nad yw'r *Lonely
Planet* rhyw lot o help, wir, os wyt ti am gwrdda'r brodorion.
Ro'n i wedi porthi'm cof am 'whedla'r wlad cyn cychwyn,
gan hwthu'r dwst o gloria rhai o'm hen werslyfra Coleg.
Ond ma' 'mhen yn troi 'da'r holl raligampo (giamocs iti) –
pawb yn bonco pawb, puteindra, llosgach, nymffomania,
ceffyla sy'n mynd acha gefen menwod, pedoffilia, duwia horni,
ac un ferch sy'n ca'l secs 'da tarw! 'Dywedwch wrthyf, Dr
Gronow, pe'ch penodir chwi yn Bennaeth Adran y Clasuron,
a fyddech yn gallu ein sicrhau na fyddai, ahem, y fath *stwff . . .'*
gallaf glywed llaish y Gaffer yn tyrfo hyd y dydd hwn.
Ond 'na fe, pwrpas trafaelu yw tempro dysg 'da phrofiad,
medden nhw. Bydda Rhodri ar ben 'i ddigon yma, er taw
eitha di-ffrwt yw'r *Iliad* o'i gymharu â randibŵ Cwmderi,
weden i! Shwd ma'r hogyn annwyl, gyda llaw? Wel, Jên,
digon am y tro. 'Sgwn i pwy sydd wedi ca'l y Gader eleni?
Nage Daf, yn amlwg, er 'i fod yn agos bob blwyddyn –
'i enw yng Ngorsedd yw Dafydd y Llwy Bren! Ta-ra!

ti kaneis?: sut wyt ti?

HARBWR

Es i lawr i'r harbwr fora heddi i weld y cychod
a'r pysgotwyr yn dadlwytho'u haliad – sgyda
o arian cennog yn llenwi basgedi enfawr ar y cei.
Cawlach o raffa, gwylanod, rhwydi, gwrec môr
a dynon 'da halen yn 'u barfa'n boichen ar 'i gilydd;
cimychod, llyswennod, morgathod a phob math
o greaduriad ma's o ryw lyfr lliwio ro'n i'n ffili
rhoi enwa arnynt. Yna, whap, weles i e, yn sefyll
ar ddec cwch bach, yr *Ariadne*, ac yn gwenu arno'i,
yn eitha ffit ond 'da rhywpath dengar yn 'i lyced.
Bachan yn 'i bumdega, 'i wallt yn britho, yr un big
â Robert De Niro 'da bach o Ioan Gruffudd 'boiti fe.
A phan dda'th ato'i 'da chrel o fishglod yn shino
yn 'i ddwrn, do'dd dim dewis 'da fi ond 'u pyrnu.
Do'dd e ddim am yr arian, chwaith. *'To lady, I give,'*
mynta fe, ac ar hyn, plygodd 'i ben a chusanu'm llaw.
'Efharisto,' mynta fi, er nace am y cregyn duon
o'dd 'y niolch. Ro'dd Meiledi wedi ca'l modd i fyw!

Efharisto: Diolch

TRASERCH

Rw'i wedi gwneud rhywpath ombeidus.
Ti'n nabod fi, Jên, sa'i'n hoedenna, wel,
dim ers dyddia Coleg, ta p'un. Ond ma' 'na
rywun sydd ar fy meddwl o fora hyd hwyr.
Wyf hapus, wyf drist, wyf benwan, wyf heiper!
Do's dim byd wedi digwydd 'to, ar f'encos,
ond ma' fa'n anodd 'da fi beido gobeitho
y daw petha i fwcwl un o'r dyddia 'ma.
Dim ond un cusan ac wi'n dros 'y mhen
a'm clustia! Gwn 'mod i'n 'whara bili-ffŵl
ond sori, Jên, alla i ddim peidio, wir iti.
Ma'r awyr yn llawn o blu bach yr haf
ac ma' adar mân yn switian o bob colfen
ar yr Ynys. Ma'r môr fel gwin pefriog.
Dim smic wrth Daf, plîs, na Rhodri – nag yw
dynon yn cŵl iawn 'da thraserch merch,
os coeliwn ni'r 'whedla. Ti'n cofio'r hogs
yn ffili gwneud na phen na chwt o'r rhai
mwya ffriwti, a'r hen Proff John, pŵr dab,
yn 'whys drabŵd wrth dreial 'u hesbonio
fesul llinell, a ninna'n cilwenu yn ein llawes?
Wel, 'na draserch iti, Jên – ma' fa'n dywyll
tu hwnt, ond yn dryloyw i'r rhai sy'n 'i brofi.
'Sdim digon o le ar y garden hon i ragor. L.

BITSH

'Na'r unig air amdana i. Am Rhodri ro'n i'n sôn,
ond yn benffast, gan ddichellu'm ffrind mynwesol
er mwyn yr ias 'wherwfelys o fynegi'm twmlada.
Slic ar 'y nhafod o'dd y geiria mawr 'na, ond rhaid
o'dd 'u defnyddio i gwnnu bwrn oddi ar 'y nghalon
fel rhyw fath o gyffesiad, sbo. Jyst imi fynd draw
i'r eglwys heno, ond ma'r holl drimins a'r howdidŵ
am y Tair Mari'n ddiarth iawn i ferch y Mans fel fi;
ma' angen bach o Galfiniaeth ar bobol, wedi'r cyfan.
Ta beth, rhaid gweud wrth rywun, rywbryd, rywsut,
i leddfu'r dolur a'r digofaint ar 'r hyn y bydda Nhad
yn 'i alw'n 'dy gownt tragwyddol â'th Greawdwr',
er 'i fod wastod yn rhy fishi i drin petha felly 'da fi;
dagra petha yw 'mod i wedi cefnu ar y ffrabls 'ny ers tro.
Ma' Meiledi'n atebol i neb ond hi 'i hunan nawr!

Tair Mari: Mair mam Iesu, Mair o Fethania, a Mair Fadlen; addolir y tair yn
yr Eglwys Uniongred

T'WYLLWCH

Shwd wyt ti, calon cabetsien?
Wedi bod yn meddwl amdanat ti,
Daf, a noson y parti pentymor.
Hanner ffordd trwy'r gwylia nawr.
Ma'r fagddu ar yr Ynys hon
yn ddigon i ddrysu un fel fi.
Neithwr ro'dd y Pleiades,
y Saith Seren Siriol, yn t'wynnu
fel haid o bryfed tân. Eto i gyd,
ffiles i dwmlo rhyw lawer
ond diddymdra 'y mywyd,
a llond twll o ofon yn 'y mola.
Ma' hi'n salwino'n gynnar heno,
a'r sêr wedi mynd o dan gwmwl.
Ma'r hen gythral yn 'y nghwrso
o isfyd gola-tywyll 'y mod.
Cana gân, cynna gannwyll, Daf,
er cof am Meleri Ann Gronow.

RHWYD

'*Lady, here is good meeting,*' mynta fe, a'i wên
cyn lleted â'i farf. '*Kalispera,*' atebes, gan obeitho
fod Meiledi'n llwyddo catw peth o'i hunanfeddiant.
Ro'n i'n ishta wrth ford ar deras un o'r tafernas
tra bod yr houl yn machlud y tu hwnt i'r ynysoedd lleiaf,
fel Shirley Valentine wedi'i jimo yn 'i jangylaris
yn delwi am Tom Conti mewn hôps caneri coch,
a chopi o *Zorba the Greek* yn mudlosgi ar 'y nghôl –
ma' awch y boi am y goleuni'n canu cloch 'da fi.
Ry'n ni'n cafflo ein gilydd, a'n hunain, yn ewn
gan nad yw plant y llawr yn gallu godde gormod
o d'wyllwch. Ta p'un, dyma'r pysgotwr yn swatio
ar 'y mhwys i a dechra tynnu sgwrs. '*You read
Kazantzakis,*' mynta fa, '*he speak truth, our Nikos.
Much sin and very much forgiving in this man.*'
Ac yn 'y ngwendid, cwympes yn gliwt i'w rwyd.

Kalispera: noswaith dda

Nikos Kazantzakis (1883–1957): awdur ac athronydd; ganwyd ef yn
Heraklion, Creta; *Zorba the Greek* yw ei nofel fwyaf adnabyddus; mae ei
fedd ar yr Ynys.

GWA'D

Daf, shwd ma' hi'n ceibo?
Wyt ti'n ymdopi'n ôcê?
Ma'r teclyn i agor tunia
yn y drâr gwaelod (jocan).
Paid byta gormod o gyrris
a chofia roi'r fflwcs ma's.
Dyma forglawdd yr Ynys,
a'r cychod bach, fe weli di'r
daferna lle o'n i neithwr
tan berfeddion. Es i yno i weld
y goleuada'n dod ymla'n,
a Bwa'r Gwynt yn frith gan sêr.
Wi'n byw ymhlith pobol
anghyfiaith a, heb y lingo,
wi'n 'whara bwmbwr
mewn t'wyllwch parddu blac.
Nace mewn retsina yw'r ecs
ar waelod y garden hon
ond gwa'd. Jonac y tro hwn. X

GWIBDAITH

Erbyn inni gyrradd beisfor un o'r ynysoedd lleiaf
ro'n i'n barod i wrondo arno fe tan fore ffair niwl.
Hanes 'i dylwth yn gyntaf oll: bu'r Saith Mlynedd
yn gyfnod anodd i'w siort nhw. Rhyddid, medde,
o'dd 'u gwin a'u bara a chynnal yr achos 'u popeth.
Dewisodd fod yn Ynyswr, fyl 'i gyndada o'i fla'n,
ac ymhlith 'i bobol 'i hunan. *'Here is my country,'*
medde. *'Here, I am free man.'* A phan o'dd y cewyll
wedi'u gosod yn 'u lle, cynnodd dân bach ar y tra'th,
ac wrth i'r fflama dowlu'u gola rhag y t'wyllwch
a ninna'n cwlffan y macrel gyda'n bysedd, teimles
yn ddibryder yn 'i gwmpni, fel y teimlwn 'da Nhad
ym more f'o's. Yna, citshodd yn 'i bwswci a dechra
canu'n gyfareddol am Ariadne, merch Minos, brenin
Creta'n yr hen amser. Siaredes inna am yr hyn a'r llall
fyl pwll y môr. *'Lady speak much,'* mynta'n dirion.
'Lady is very sad.' Wedyn, fy holi'n dwll amdana'i,
ac fel llucheden, beth o'dd enw 'y nghariad? *'Rhodri –
no, Dafydd,'* mynta fi, wedi fy nal ar y gamfa, gan
dreial cwato 'y nryswch, a'r enwa fyl llutw yn 'y ngheg.
'Katalaveno,' mynta fa. Dim angen inni whilia rhagor.
Gwelson ni'r cyfddydd yn taenu dros yr ynysfor
a Chaer Arianrhod yn pefrio'n ddirfawr uwchben.

Katalaveno: rwy'n deall

'DEFYN

Neithwr ro'dd Orion yn llacio
'i wregys uwch 'y mhen, a'r Trypser
yn ffoi rhag 'i fytheiad. O Heliwr,
tosturia wrthym yn ein gwaeledd!
Wi'n siŵr y basat ti'n gweud
taw Homer o foi yw hwn, Jên.
Ma' fa wedi estyn 'defyn, t'wel,
i'm fforddi ma's o'r labrinth.
Paid gweld 'whith arno'i, Jên fach,
ma' angen traserch ar ferch fyl fi,
fel 'r unig brawf 'y mod i'n fyw.
Wi wedi danto ar fod yn ynysig,
rw'i am fod yn rhan o'r tir mawr.
Os na ddaw 'y nghwch i'r hafan
gwêd wrth 'y nhad dihidans
imi fyw heb obaith, heb ofon,
ac mewn rhyw fath o ryddid!

Trypser: y Saith Seren Siriol neu y Pleiades

PEN Y DAITH

Ca's yr Ynys hon 'i henwi
ar ôl Eftichios, sef y gwrda
wna'th shwd gymint i dowlu
pontydd dros ddyfro'dd garw;
yn ôl yr hanes, fe a ddygws
oleuni i'r ynysfor tywyll.
Wi'n cretu imi ddod
ar draws 'i lusern ar yr Ynys,
'mod i wedi profi, am wn i,
ryw fath o drobwynt, yn ystod
'r wythnosa d'wethaf, Daf,
er troi'n f'unfan yn amal.
O'r hir ddiwedd, gwelaf
oleufer ym mhlu'r paun.
Sa'i'n erfyn mwy na 'ny
mewn byd sydd fyl y facas.
Wi'n folon herio'r Moirai
o hyn ymla'n, doed a ddelo.
Sha pen y daith nawr,
dim rhagor o loia. Leri

Moirai: duwiesau a oedd yn gyfrifol am dynged ddynol

O *Clonc y Cwm*:

Marwolaeth annhymig. Daethpwyd o hyd i gorff Dr Meleri Ann Gronow,
merch y Parch. D. E. Gronow, yn yr harbwr ar Ynys Eftichios, Gwlad Groeg,
gan bysgotwyr lleol. Roedd y cardiau post uchod yn ei hystafell, heb eu
postio, ynghyd â'i dyddiadur. Yn ôl crwner yr Ynys, ni chredir y bu trosedd
ond ei bod hi wedi cael rhyw fath o chwalfa nerfol.

GWERINIAETHWR
er cof am Harri Webb

Er dy fod yn gorwedd o dan gleidir coch Bro Gŵyr
    ymhlith dy dylwth, tyddynwyr tlawd y clogwyni hyn,
ac er bod rhwun piwr wedi doti potel gwrw ar dy feddfaen
    i ddala'r dwndilis sydd wedi gwywo ers cetyn,
ac er bod rhai ohonom, eithafwyr oll, a welws dy arch
    yn ca'l 'i gollwng i'r twll du, yn dal i wenu
bob tro ma' dy enw yn bywioci'r sgwrs – sach 'ny i gyd,
    cas 'da fi feddwl amdanat miwn man mor dywyll, tawel, o'r.

Maddau imi, frawd, am dorri ar draws dy hir gwsg
    gyda hyn o eiria. Ma' fe'n hen bryd inni ga'l clonc.
'Achan, shwd ma'n ceibo yn y partha 'ny, gwêd?
    O's 'na gwmpni diwahardd i'w ga'l? Wyt ti wedi taro
ar yr hen Bontshân 'to, neu Cayo, neu botwyr y Lamb?
    Gobeitho fod cyfla iti dalu am ffwtyn i Undeb y Tancwyr
a wilia dicyn 'da Lorca, Prévert, MacDiarmid, Waldo,
    Keidrych a Rhydwen – neu beth yw diben y nef?

Ma' hi'n sobor o ddi-stŵr ffor' hyn, ishta hewlydd Dŵlish
    ar fora Sul, a phawb 'da phen clwc tranno'th Ffair y Waun.
Ma' rebeliaid ddo' yn gwishgo siwtia i lawr sha'r Bae
    neu'n byw yn fras ar docyns y cyfrynga. Ma'r achos
wedi jibo, ffrind, ac rŷn ni i gyd yn blantos fforddus nawr.
    Cwympo ma's dros sbardils ma'n gwleidyddion ni
ac yn ffili cynnu tân 'da matsys gwlyb. Ma'r cyffro?
    Ma'r arabedd? Ma'r weledigaeth? Ma'r sbri?

A'n beirdd? Hawdd direpu'r rhan fwyaf, 'n enwetig
    y bois sy'n garlantu'r Awen fyl Brenhines y Mai
ac yn hebrwng y Gwmrâg i'w bedd, neu, yn yr iaith fain,
    yn dodwy wya dryw er mwyn pleso'r beirniaid academig;
'sdim rhyfadd bod werin y gwmydd yn ddihitans, o's e?
    A'th y Canu Mawr o'r tir y diwrnod 'ny ym Mhennard
pan roddwyd dy gwffin o'r golwg . . . Ond na!
    Wi'n ffili derbyn dy fod yn gorwedd yno.

Brifardd, ma'n well 'da fi dy gofio'n dod o farw'n fyw,
    ac yn llosgi 'ffetog y bwtsiwr' ar sgwâr y dre drachefen,
a'r rodnis sliw o'r Twyn yn boichen am dy wa'd,
    a titha'n benderfynol i gwpla dy ddatganiad ymfflamychol
gan gwnnu dy ddwrn yng ngwyneb pob sarhad,
    ac wrth dy fodd yng nghenol yr hylabalŵ a'r rali 'smala
nes i bastyna'r glas roi taw ar y cynulliad terfysglyd . . .
    Caton pawb! Rwyt ti'n fyw reit 'i wala!

Ond, Harri, ma' 'ngwydr heno bron yn wag
    ac ni ddaw hwyl y llynedd i'w lenwi megis cynt;
dim ond cofion sydd 'da fi i gynhesu'r galon frau.
    Sach 'ny, dyma fi'n cynnig llwncdestun
i ŵr o galon, Bardd y Werin, dyn dansherus,
    a feiddiai herio'r hunanfodlon a'r taeogaidd
i feddwl, i weithredu, i ganu ac i lawenhau:
    Salud, amigo, wela'i di rownd y patshys!

Y COMIWNYDD
yn y llun gan Evan Walters, 1932

'Ffrindia, *comrades*, gydwithwrs i gyd,
rwy'n galw arnoch i sefyll yn stansh
rhag y cyfalafwrs sy'n ecsploito'ch llafur,
yn gwenwyno'ch cyrff, ac yn starfo'ch plant,
in the name of Profit and Progress!'
Mae'i grys coch yn faner a'i frest yn lartsh.

'Fel y dywedodd Marx . . . '
Ma'r ddeialecteg wedi'i feddiannu'n llwyr.

Pwy yw'r bwryn rhethregol hwn?
Pregethwr lleyg, efalla, yn cynnig 'i hunan
am ffaeleddau'r werin, neu dyrfwr proffesiynol
wedi'i hala i'r Cwm i gorddi'r proletariat
gyda'i ddawn theatrig, neu dim ond pwdler bach
sydd wedi hen alaru bod ar y clwt.
                              Ydi e ar fin
hedfan gyda mwg y simneia neu esgyn i'r nef
fyl y Cynhyrfwr Mawr ar Ddifiau Dyrchafael?
Ma'r gwynt arno fe, reit 'i wala.

Eto i gyd, anodd gweud pwy yw'r areithiwr:
ma'r ddelwedd yn amwys, 'na pam ma'n ein trwblo.

Ma'r dynon yn grondo, 'u gwyneba'n stŵn.
Ma'r coliar bach gyda'i filgi a'i ffag wedi cefnu
ar y brygowthwr ac yn syllu arnom, gan ein herio ni
i ystyried beth yn gwmws sydd dan sylw yma.

Ma'r cymylau'n copri uwchben Llangyfelach.
Oddi ar y cynfas ma' soldiwrs yn rhoi bwledi yn 'u dryllia.
Ma'r wasg a'r heddlu'n dishcwl terfysg.

Ma' rywpath aethus yn yr olygfa hon.

A fu arllwys gwa'd y diwrnod hwnnw,
a fu, o leiaf, styrbans o fla'n gatia'r gweithia?

Ai teyrnged i Goya sydd yma mewn gwirionedd
a *pueblo* Cwm Tawe ar 'nelfa i ga'l 'u merthyron?
Na, dim y tro hwn, neu basa'r byd wedi clywed.

Ond ym melina'r dychymyg
ma'r metal tawdd yn ca'l 'i dempro
o hyd ac o hyd.

TYST

Dêr, dyw 'ynny ddim byd o'i gym'aru
    'da be dicwddws ar sgwâr y Pandy
yn 'stod mish Tachwadd mil naw cant a deg.
    Dim fwy na wilgrot o'n i, ti'n diall,
biti mynd 'da necas i'm mam-gu,
    ond welish i'r cyfan reit 'i wala
'da'n llycid 'yn 'unan, ar f'encos i.
    'Na ti 'anas fal ma'n dicwdd, 'achan,
a buws yn fraint fod yn dyst idd' fa.

A'r Cambreian weti cloi'r dynon ma's,
    t'wel, canno'dd o'onyn n'w, a'r gwitha
yn secur trw'r R'ondda, Fach a Fawr – ond
    y Glamorgan, lan sha Llwn'pia, lle
o'dd y blaclegs yn catw'r pwmps i fynd
    ar ordors y cwmpni a than 'wylad
yr 'eddlu – wel, ma'n gofyn am drwpwl,
    yn dyw a? 'Eb fo'n 'ir, o'dd y Glorans
inc-anc 'da'r bois miwn glæs, a chæ's am'all un
    'i 'nafu ar y ddwy ochor, r'aid gweud.

Ta beth, fan'co o'n i'r bora tranno'th,
    ar ben y sgwâr yn dishcwl randibŵ,
a dyna be cethon ni, feginta –
    lawr y daprad serth da'th siew o lowyr
yn winad grac ac yn barod am ffeit,
    pob un gita chaib ne' bâl yn 'i ddwrn
a phawb yn gwiddi am wa'd y bosys
    o'dd weti gwrthod talment teg idd' n'w
am witho 'edin calad yn y Biwt.
    Caton' pawb, 'na ti ddicter, 'na ti blwc!

Cerad miwn ffalancs o'n n'w, ti'n diall,
    'eb dala'r notis o'r trŵps ar y sgwâr
ond 'u wawdo n'w a siesto fal y boi,
    yn gwmws ishta'r Sŵlŵs yn Rorke's Drift.

Dyma'r dosparth gwithol yn carlinco
    ac yn stico lan am 'r 'yn sy'n gyfiawn!
O'dd Cadwcan yn hoci'i fwyall 'to,
    own i'n browd fod yn Gwmro, myn brain i!

O'dd y dorf weti macsi stwmog nawr,
    a r'ai o'r coliars mwya penbo'th, t'wel,
yn dychra raliganto rownd y dre –
    ie, itha reit, w, Pandymoniwm!
Ca's ffenestri ar 'yd Dunraven Street
    'u brwa'n glachdyr (on' nace siop gemist
Willie Llewellyn, cofia, wàth o'dd e
    weti ca'l cap dros Gymru), a menwod
diolwg ar y taplas –'eb 'u direpu n'w –
    yn dwcid dillad yn De Winton Street
fal 'sa'n garnifal y llatron. Ar 'yn,
    dyma'r soldiwrs o'dd weti dod i'r Cwm
i gynnal breichia'r Metropolitans,
    Hussars a Ffiwsiliars gan fwya,
yn gosod 'u bidoca . . . Ca's Sam Rays
    'i ddiwadd – bachan trw tanad buws e
pan o'dd Ywa Ted yn gwitho'n Clytach –
    a crucyn 'u clwfo'n llet arw, 'ed . . .

Dal sownd, wi ma's o bwff . . . Be wetes di?
    Nace Churchill 'alws y trŵps i'r Cwm?
Gad dy lapan, w! Ma' pawb yn gwpod
    taw fa wna'th, 'na pam ma' ganto'r cythrel
enw sy'n gwynto ffor' 'yn 'yd 'eddi . . .

    'Shcwl, 'sdim otsh be ma'r scolars yn 'onni –
weles i'r cwpwl, o'n i yno, w,
    a nace scothi celwdd otw i
wrth weud y bydd y crithia gleishon 'yn
    yn catw'r cof am y Reiots yn fyw,
cret ti fi, 'y machgen glân, 'yd nes
    'y mod i'n gorwadd yn y Llethar Ddu.

MERTHYR
Ei Anrhydedd Mr Ustus Bosanquet
yn ysgrifennu at ei wraig ar y 13eg o Awst 1831

Madam,
      Yr ydych wedi darllen erbyn hyn, debygwn i,
neu wedi clywed gan un o'ch cyfnitherod parablus
fy mod i wedi eistedd yn y *Glamorganshire Assizes*
ar achos tra trapherthus y sydd yn codi o'r Terfysgoedd diweddar
ym Merthir Tidvil.
      My dear, nid wyf am eich blino chwi
gyda manylion y *Matter*, ond i roddi gwybod i chwi gyda hyn
fy mod i wedi bodloni'r *Home Secretary* i'r eithaf
ac yn byw mewn gobaith o *Preferment*.
      Er hyny,
y mae yna rhyw beth y sydd yn gadael blas anymunol yn fy ngheg
ac yn cadw dyn cydwybodol rhag huno.

    Cyfeirio yr wyf at wrandawiad Richard Lewis,
neu Dick Pen Derrin, i ganiatáu ei *alias* ymysg terfysgwyr
y Blaenau, yn löwr wrth ei waith, un o breswylwyr yr Isfyd
ac etto yn rhyfeddol o lythrenog, a gŵr priod
ym mlodau ei ddyddiau.
      Dihiryn? Heb os nac oni bai.
Troseddwr? Ie, yn euog o drywannu milwr, rhyw Donald Black,
yn ôl y Rheithgor. Tystiolaeth? Dim ond gair y cnaf Abbott,
barbwr o gymmeriad llai na dilychwin, a dywedyd y lleiaf.

    Paham, felly, dwyn Lewis o flaen ei well?
Bwch dihangol, yn ôl pob coel, am y Trybestod a'r Difrod
a welwyd yn y dref ym mis Mai elenni. A'i dramgwydd?
Pwy a ŵyr, er sicrwydd, beth a ddigwiddodd yn y gwrthdaro
rhwng y *Mob* a'r milwyr o dan ffenestri'r *Castle Inn*?

    Not guilty, oedd ple'r Amddiphynnydd, wrth gwrs,
a mynnodd Black ei hun nad Lewis oedd wedi ei glwyfo.

    Grymusach, i'm tyb i, oedd y geirda a'r Ddeiseb
a dderbyniais gan *Price of Neath Abbey*, dyngarwr

a Bonheddwr o'r uchel radd, yn wahanol i'r criw gwarthus
o *Unitarians* & *Jumpers* y sydd yn pregethu *Reform*
ymhlith poblach yr hofelau yn Nowlais & Phen y Darrèn.

Ond fy nghyfrifoldeb i fel ufudd was y *Crown*
yw cynal Rheol & Threfn ar un rhyw gyfrif, yn ôl fy Llw.
Nid wyf am weled faner goch y *sansculottes*
yn strytian trwy ein strydoedd fel y *Cholera*, a'r Wlad yn dilyn
y *Jacobins* ar gyfeiliorn. Rhaid, felly, wrth y gosb ddihenydd,
a rhoddi f'amheuon o'r neilltu, a'r Cap Du ar fy mhen.

Cadwodd Lewis ei Hunan Feddiant trwy gydol y Prawf,
gan syllu arnaf gyda threm na fyddaf yn ei anghofio yn hawdd.

Ac yn awr, foreu heddyw, y mae'r Gyfraith
wedi ei chyflawni ar Grocbren yr Ais yn ôl y drefn briodol
a geiriau olaf y Carcharor yn diasbedain yn fy mhen,
'O, Arglwydd, dyma gamwedd!'
                                           F'anwyl Mary Ann,
y fwynaf o fenywod, Duw a'm helpo yn yr awr hon!
Ofnaf fy mod i wedi condemnio dyn i le na ŵyr neb amdanno
ac, *entre nous*, mae hyny'n pwyso'n drwm arnaf.
                                           Hwyrach
y byddai wedi bod yn rheitiach i orfodi Dick, *mutatis mutandis*,
i gadw cwmni'r Lewis arall, yr hwn a adwaenir fel Yr Heliwr,
yn *Van Diemen's Land*, ac ynno i farw.
                                           Boed hyny fel y bo,
mawr obeithiaf y bydd fy nghâr Mr William Crawshay
yn fodlon ar y Canlynniad hwn, gan fy mod i fwrw Sul
yng Nghyfarthfa cyn Gŵyl Fihangel.
                                           A'r dywededig Lewis?
Mentraf rhagweld y bydd y cof amdanno ef yn fyw
ymhell ar ôl imi fynd i Ebargofiant. Y mae'r *intelligence*
o'r dref afreolus yn y bryniau yn riportio
fod y baledwyr yn canu ei glod eisioes, ac yn ddiau,
ymhen yr hir a'r hwyr, bydd y rhelyw yn ei fawrygu
fel merthyr arall, wedi ei gyhuddo ar gam,
yn ôl Moes & Arfer trigolion y wlad gythryblus hon.

Dyna ddigon, mwy nag yr oeddwn wedi bwriadu
ei rhoddi ar bapur, wir. Nid wyf am beri Gofid ichwi rhagor.

Yr wyf yn deisyf arnoch i dderbyn hyn o lith, Madam,
mewn Iaith nad wyf wedi ei lwyr feistrioli etto, ond un,
fe wn, y sydd yn agos at eich Calon, gydag Ymddiheuriadau
am ei meflau niferus.

Gan edrych ymlaen at weld
coetiroedd Dingestow yn troi eu lliwiau unwaith yn rhagor
yn ystod y Tymmor athrist hwn, ac at farchogaeth
gyda chwi ar hyd yr hen lwybrau cyfareddol yn y Parc,
yr wyf, yn ddiddwyll, eich Priod tra ymroddedig,

John Bernard Bosanquet

DIOLCHIADAU

Ymddangosodd amryw o'r cerddi hyn yn y cylchgronau *Barddas, Taliesin, Tu Chwith* a'r *Naturiaethwr*, a diolchaf i'r golygyddion am eu cyhoeddi yn y lle cyntaf. Cyfeiriaf at ambell un yn fy hunangofiant, *Cofnodion* (Y Lolfa, 2012), lle y ceir manylion am eu cyfansoddi.

Dechreuais farddoni yn y Gymraeg, fy nhrydedd iaith, yn 2003 gyda 'Gwreiddiau'. Rwyf wedi ysgrifennu dros gant o gerddi ers hynny. Daeth nifer ohonynt yn agos at y brig yng nghystadleuaeth y Goron: er enghraifft, 'Cerddi R'yfelwr Bychan' yn 2005. Yn 2009 barn y beirniaid am y dilyniant 'Yn y gwaed' oedd mai dyma'r cerddi gorau yn y wers rydd.

Ffrwyth deng mlynedd o farddoni sydd yma, o dan oruwchwyliaeth Prifardd, sef fy nghyfaill Cyril Jones. Diolch hefyd i'r Prifardd Bryan Martin Davies a'r Prifardd T. James Jones am gynnal fy mreichiau yn y dyddiau cynnar, ac i Elena Gruffudd, golygydd Cyhoeddiadau Barddas.

Dyma fy nghyfrol gyntaf o gerddi yn y Gymraeg – a'r olaf. Braint yw eu gweld mewn print ac mewn iaith sydd yn agos iawn at fy nghalon. Ymgais sydd yma i ysgrifennu cerddi yn y Wenhwyseg, sef tafodiaith y De-ddwyrain, a chyda help yr Eirfa hyderaf y bydd pob darllenydd sydd heb ragfarn yn eu deall yn ddidrafferth.

Meic Stephens
Yr Eglwys Newydd
Caerdydd
Mai 2014

GEIRFA

Tafodiaith y De-ddwyrain yw'r Wenhwyseg. Yn ei hanterth, siaradwyd hi gan dros filiwn o bobl rhwng Cwm Rhymni a Chwm Aman, sef yr hen faes glo, ac ym Mro Morgannwg a rhannau deheuol o sir Frycheiniog yn ogystal. Wrth gwrs, yr oedd yna amrywiadau o ardal i ardal, o gwm i gwm, o dref i dref. Nid yw'r cerddi yn y gyfrol hon yn defnyddio un ffurf neilltuol ar y Wenhwyseg yn unig, eithr geiriau o sawl ardal. Fy mwriad i yw dyrchafu'r dafodiaith o fod yn gyfrwng i hiwmor cegin i fod yn addas ar gyfer barddoniaeth fwy urddasol a chydag ystod ehangach.

Dyma eirfa a fydd o gymorth i'r darllenydd sydd ddim yn gyfarwydd â'r Wenhwyseg; dylid nodi hefyd fod y symbol æ yn cynrychioli yr 'a' fain, sy'n nodweddiadol o'r Wenhwyseg a rhannau o'r Canolbarth.

absant: diwrnod o'r gwaith
afans: mafon cochion
amcan: syniad
annipan: anniben
ar fencos i: ar fy einioes

bara bit: pysgotyn bach
bigitan: anghytuno
bitir: ffein
bitwg: tyddyn
boichen: gweiddi
brigawlan: baldorddi
bripsyn: ychydig bach
brocish: cyfnewidiol
bwmbwlæds: penbyliaid

camfflabats: rhannau dirgel menyw
carabwtsh: llecyn anniben
carco: gofalu am
carlinco: rhuthro'n wyllt
cewc: cip
cilbwtan: anghytuno

clemerca: ymddygiad ffansi
clipad: munud
còg: plentyn
copri: mae'n dechrau copri pan fo cymylau duon yn crynhoi
crambo: bachgen yn ei arddegau
crucyn: cryn dipyn
crwshon: darnau bach caled o gig mochyn
cwafars: castiau
cwato: cuddio
cwffin: arch
cwmpa-pela-clusta: yn fyddarol

damshal: difrïo
dansherus: peryglus
decha: gofalus, teidi
dedfyw: hanner marw
delffo: gwirioni
diharpo: ffaelu
dimofal: diniwed
dirdishéfoni: Duw, deisyfwn ni
direpu: difrïo
dishgil: cwpan
dishmoli: difrïo
diwàrdd: afreolus
drilo'n lib-lab: holi'n daer
dwgid: dwyn
dwmbal dambal: pendramwnwgl
dwndilis: daffodiliau

efonir: heb fod yn hir
erfyn: disgwyl plentyn
ers cetyn: ers tro

fflonsh: cyfeillgar
fflowrog: blodeuog
fforddus: ufudd
ffragots: dwli, lol
ffrenshibol: cyfeillgar

ffrit: plentyn bach

giamatach: cega
gwana: brysio
gwimad: gwyneb
gwinad: gwyllt cacwn

hapsi: troeon trwstan
horsin: bachgen ifanc

ician: ugain
inc-anc: brwydro, ymladd
ishta: yr un sut â, fel, megis

jimo: wedi gwisgo lan
Jini Fetan: cansen
jinifflŵars: melyn y gaeaf, blodyn y fagwyr ayyb
Jini Jon: gair merch fach am ei rhannau preifat
jonac: o ddifrif

lici-loci: chwarae mig
limpro: llowcio
lociau: ffaldiau
lŵath: eilwaith

lliti: lludw

misgi'r latsh: cliciedi'r drws
mwnt: ceffyl

narcall: hanner call
natyr: dicter
nishad: hances
nyfath: ynfytyn

ombitus: enbydus
our: aur
owa, ywa: ewythr

pæm: gwely blodau neu lysiau
partin: rhan o reilffordd yn arwain oddi ar y brif lein
parth: aelwyd

patshys: darnau o dir lle gwelir glo brig
piwr digynnig: da iawn
potsh: tatws a rwdins wedi'u mwtro
prepsog: dagreuol
pwlffacan: chwarae o gwmpas
pwlffyn: plentyn a thipyn o gnawd arno

rali: sŵn mawr
restar, ripin: rhes o dai, teras
rodni: dyn sy'n segurwr neu'n ddihiryn
rymáir: eirin Mair

sachabwndi: anniben ei wisg
sachny: serch hynny
salwino: tywyllu
sbrachi: o safon is na'r disgwyl
sgimbren: gwely
sglaffo: llyncu'n awchus
sgrib-sgrab: annibendod
shamblachu: gwneud yn anniben
shcwl: drycha
shibadêrs, shib-ar-als: darnau bach
shifis: mefus
shiffad: eiliad
shiffro: darllen
shigowtan: diogi
shilshil: difrïo
shincyns: bechgyn drygionus
shipons: winwns bach
shirobin: lled feddw
shoncyns: pobl 'posh'
shwc-shac: gyda thraed gwlyb iawn
shwrna: unwaith
siang-di-fang: anniben iawn
sieto: taflu
siew: llawer
sleish: rhaw fach
stansh: cadarn

stefan: heddwch, llonyddwch
stentlyd: busneslyd
swàth: ysywaeth
swci mwci: plentyn sy'n mwynhau cael ei fwytho
sybyrthol: sydyn

taplas: cyfeddach
tesan: eiliad
tinnu a drago: crafu byw
tolant: ysgubor
trichant o genddi: tri chant o lwynogod
trocsi: baeddu
tywydd ffrit: tywydd garw

wado: curo
walbi: clebwraig
walu waldod: siarad dwli
wàth: oherwydd
whilibawan: breuddwydio
wilbar: berfa
wildra: chwant bwyd
wilgrot: bachgen ifanc
wilia: siarad (o chwedleua)
wilmentan: chwilio